GRILL IT!

DAS OUTDOOR-KOCHBUCH FÜR MÄNNER

GRILL IT!

DAS OUTDOOR-KOCHBUCH FÜR MÄNNER

ROSS DOBSON

Hölker Verlag

INHALT

EINFÜHRUNG 7

EIN PAAR ECHT HEISSE TIPPS 12

DER HÜHNERHOF 16

DIE WEIDE 62

DAS MEER 126

DER GARTEN 164

REGISTER 210

DANK 215

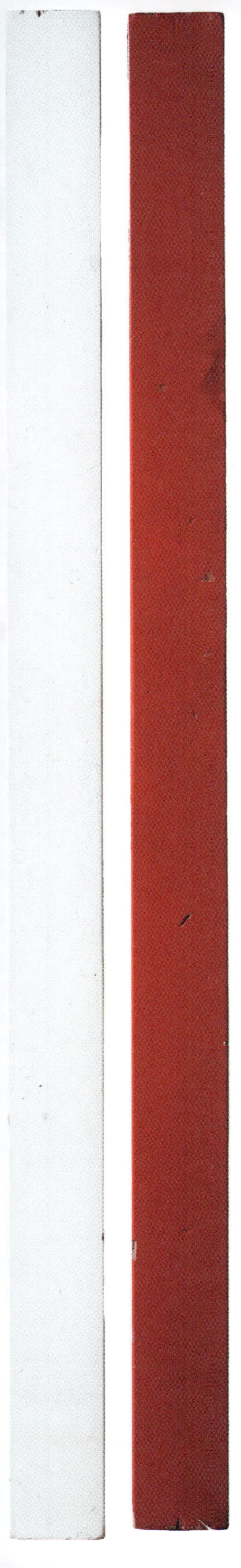

METALL AUF HITZE. FLEISCH AUF METALL.

Seit dem Erscheinen von Fired Up, meinem ersten Grillbuch, hat sich in der Barbecue-Welt nicht viel getan. Eigentlich muss man sagen, dass sich seit Beginn der Menschheit in der Barbecue-Welt überhaupt nichts getan hat, sieht man einmal von wenigen Fortschritten ab wie der Eisenzeit oder der Entdeckung fossiler Brennstoffe. Das meiste ist unverändert geblieben. Wir konzentrieren uns inzwischen wieder auf das Wesentliche – und verwenden zum Grillen eines der elementarsten Mittel überhaupt. Das Feuer.

Grillen heißt für mich, schmackhaftes und ehrliches Essen zuzubereiten. Das ist mein absolutes Mantra. Als ich die Rezepte zu Fired Up ausprobierte, hatte ich nur einen einfachen Grill zur Verfügung. Ein Grillrost und eine Hotplate (eine plane Garfläche aus Metall) wurden auf einen Gasgrill mit mehreren Brennern gesetzt, darauf kam ein etwas wackliger Deckel. Ich war glücklich über das einfache, leckere und bodenständige Essen, das mein alter Grill produzierte.

Den Grill besaß ich sechs glückliche Jahre lang. Als seine Zeit gekommen war, konnte ich mich nur schweren Herzens von ihm trennen. Doch der Rost siegte und auch die Brenner zeigten Auflösungserscheinungen – schließlich sah ich ein, dass es Zeit war, Abschied zu nehmen. Die Suche nach einem neuen Grill war aufregend. Meine Wahl fiel auf ein robustes, sexy Teil aus Edelstahl mit Deckel, Guckfenster und Thermometer.

Den neuen Kugelgrill verwende ich praktisch wie eine Art Backofen. Die meisten modernen Grillgeräte haben einen Deckel. In meinem Kugelgrill aus Edelstahl kann die Hitze wunderbar gleichmäßig zirkulieren. Wenn ich also ein ordentliches Stück Fleisch zubereite, etwa ein großes Stück Lamm oder Schweineschulter, Rinderbraten, Lendenstücke oder ganze Hähnchen und Fische, dann heize ich den Grill und die Hotplate auf hohe Temperatur vor und schließe den Deckel. Das Thermometer steigt und die Hitze im Inneren des Grills ist wie die in einem Backofen. Wenn Sie also Schweinefleisch oder irgendein anderes Fleisch hineinlegen, wird die Haut sofort anfangen zu brutzeln. Sie können die Hitze dann herunterdrehen und das Fleisch ganz nach Ihrem Geschmack grillen.

Beim Grillen kann ich meine Wurzeln nicht verleugnen. Was das angeht, bin ich durch und durch Australier. Ich genieße die kulturelle Vielfalt meines Landes, die uns Speisen, Gewürze und Einflüsse aus vielen fremden Ländern beschert. Kombinieren Sie unsere traditionelle Küche mit einigen erlesenen Zutaten und Sie haben ohne große Anstrengung ein wahrhaft köstliches Essen vor sich stehen.

Gute Gewürze und eine schöne Flamme – viele denken da bereits an den nächsten Grillabend.

Beim Grillen werden wir zu wahren Meistern oder Meisterinnen unseres Fachs.

Wir sind die Meister der Gewürze. Es liegt ganz an Ihnen, wie das Essen schmecken wird. Es liegt ganz an Ihnen, wie zart das Fleisch ist, je nach Grillzeit und Auswahl des richtigen Fleischstücks. Bevor das Fleisch auf den Grill kommt, denken Sie daran, es kräftig zu würzen. Liegt es auf dem Grill, sollten Sie es nicht ständig wenden – und auf jeden Fall sollten Sie das fertige Grillgut einige Minuten ruhen lassen. Glücklicherweise habe ich eine überdachte Terrasse mit ausreichend Platz für mich und meinen Grill. Es ist eine dieser alten Veranden vor dem Haus, bei denen man sich immer fragt, warum sie so groß sind. Aber ich will mich nicht beklagen, sondern froh sein über die wunderbare Veranda. Sie ist sonnendurchflutet, liegt aber Richtung Norden und bietet damit auch ausreichenden Schatten. Regen, Hagel oder Sonnenschein, Sommer oder Winter – auf der Veranda vor dem Haus kann ich nach Herzenslust grillen und Nachbarn und Passanten zuwinken. Hört sich das nicht gesellig an? Ja, absolut. Grillen ist purer Spaß. Entspannen Sie sich, genießen Sie den Augenblick, und ehe Sie sichs versehen, haben Sie eine wirklich gute Mahlzeit vor sich stehen!

QUALITY

EIN PAAR ECHT HEISSE TIPPS

Das Grillgut

Heizen Sie den Grill unbedingt vor, schließlich wollen Sie ein gesundes Brutzeln hören, wenn Sie das Grillgut auf die Hotplate oder den Rost legen. Ein Grill ist nicht zum Dünsten und Köcheln gemacht.
Der geschlossene Deckel sorgt dafür, dass die Hitze im Grill bleibt und der Grill zu einer Art Backofen wird. Auch wenn ich nur einen Teil des Grills benutze, schalte ich alle Gasbrenner an und schließe den Deckel. Wenn das Grillgut (wie Lammkeule, Truthahnbrust oder Rinderfilet) auf den Grill kommt, wird es sofort kräftig brutzeln, und durch die Hitze unter dem Deckel gart es schnell und gleichmäßig.
Denken Sie unbedingt daran, das Grillgut rechtzeitig aus dem Kühlschrank zu nehmen. Das ist ganz wichtig. Ein dickes Steak, das direkt aus dem Kühlschrank kommt, bleibt in der Mitte kalt, wenn es rare gebraten wird. Mit Hähnchen ist es wieder eine andere Geschichte. Es kann diese ekligen Keime enthalten, deshalb muss es vollständig durchgebraten werden. Vor dem Grillen sollten auch Rind-, Lamm- und Schweinefleisch Zimmertemperatur haben. Lebensmittelhygiene hat ihre Berechtigung, aber treiben Sie sie nicht auf die Spitze.
Einige Zeit bevor das Grillgut auf den Grill kommt, muss es gewürzt werden. Aber nicht zu lange vorher, sonst wird das Fleisch zäh. Ein wenig Meersalz etwa 30 Minuten vor dem Grillen ist völlig ausreichend.
Das Fleisch nach dem Grillen kurz ruhen lassen. Ein ordentliches Stück Fleisch – beispielsweise ein ganzes Lendenstück, Rindfleischfilet oder ein ganzer Vogel – sollte mit Alufolie abgedeckt bestimmt 20–30 Minuten ruhen. Steaks brauchen zwar eine kürzere Ruhezeit, doch auch hier sollten Sie etwas Zeit einplanen.
Eine heiße Oberfläche verhindert das Festbacken des Fleisches. Durch die Hitze bildet sich eine schöne Kruste, die auch nicht aufreißt, wenn Sie das Fleisch wenden. Das ist besonders bei Fischhaut etwas knifflig.

(Denken Sie daran: Es ist ein absoluter Albtraum, aufgetauten Fisch aus dem Tiefkühlfach zu wenden, ohne die Haut ab- oder aufzureißen. Am besten eine Lage Backpapier unterlegen.)
Ich weiß nicht, warum, aber aus irgendeinem Grund müssen wir ständig etwas mit dem Fleisch anstellen, wenn es auf dem Grill liegt. Beispielsweise wenden wir es andauernd. Halten Sie sich zurück; das ruiniert nur das Fleisch. Außer bei Würstchen. Aber die zählen nicht wirklich. Würstchen können Sie nach Herzenslust wenden.

Die Ausrüstung

Der Grill sollte möglichst sauber sein, aber übertreiben Sie es nicht. Ich kenne einen Typen, der seine Hotplate mit einer Flex säubert. Das ist vielleicht etwas abgehoben – aber er grillt darauf den knusprigsten Fisch überhaupt!
Einige Leute empfehlen einem, den Grill zu reinigen, wenn er noch heiß ist. Aber wer will das schon? Wenn Sie mit dem Grillen fertig sind, wollen Sie sich gemütlich zu Ihren Gästen setzen und nicht die Putzhandschuhe anziehen. Verwenden Sie zum Reinigen warme Seifenlauge und etwas Muskelkraft. Stellen Sie den Grill auf die niedrigste Stufe, um Grillrost oder Hotplate zu trocknen. Wenn alles abgekühlt ist, reiben Sie ihn mit Speiseöl ein – so kann er keinen Rost ansetzen. Wenn Sie den Grill unbedingt im heißen Zustand reinigen möchten, dann ist es am besten, Sie spritzen ihn kräftig ab. So bekommen Sie das schmierige Zeug einigermaßen gut runter. Das Wasser trocknet schnell und der Rost hat keine Chance. (Ich nehme mal an, dass Ihr Grill im Garten steht und nicht auf einem Balkon.)
Wo wir gerade über Rost sprechen, muss leider gesagt werden, dass er außerhalb unserer Kontrolle liegt, vor allem, wenn der Grill ganzjährig draußen steht. Wenn Grillrost oder Hotplate Rost ansetzen, ist es an der Zeit, sie zu ersetzen. Behalten Sie die Gasbrenner im Auge. Rostige Gasbrenner können schon mal mitten im Barbecue ihren Geist aufgeben. (Das wäre eine Mega-Katastrophe und ziemlich peinlich für Sie.) Es ist weder teuer noch schwierig, diese Teile zu erneuern. Neue Hotplates oder Grillroste gibt es in Fachgeschäften einzeln zu kaufen. Ich verwende die Hotplate meines Grills sogar auf dem Gasfeld meines Küchenherds und erziele damit ziemlich gute Grillresultate.

DER
HÜHNERHOF

Irgendetwas muss passiert sein, dass wir uns vor einiger Zeit von einer Kost aus überwiegend Fleisch mit Kartoffeln und Gemüse verabschiedeten und Hähnchen auf den Speiseplan setzten. Hähnchen in jeglicher Form – gebraten, pochiert, in der Pfanne geschmort, als Suppeneinlage, frittiert und, natürlich, gegrillt. Ich frage mich, ob unsere Vorliebe für Geflügel etwas mit dem Wunsch zu tun hat, uns gesünder zu ernähren. Dabei geht es mir nicht nur um gesundes Essen. Für mich ist der Geschmack viel wichtiger. Und leider ist es so, dass erst das Fett den Geschmack bringt. Vor allem die dünne Fettschicht macht Hähnchenschenkel und -keulen erst richtig lecker. Für Geflügelbrust habe ich nicht viel übrig, es sei denn, die Haut ist noch dran. Sie schützt das Fleisch vor zu großer Hitze auf dem Grill (ganz abgesehen davon, dass die knusprige Haut dem Hähnchen noch mehr Geschmack gibt).

Hähnchen & Co. sind ziemlich flexibel und passen zu unterschiedlichen Aromen und Gewürzen. Ganz viel frischer Chili, Knoblauch und Ingwer sind wunderbar. Bei Kräutern sollten Sie auf Koriander, Petersilie, Oregano und Thymian setzen. Marinieren Sie Ihr Hähnchen vor dem Grillen in Sojasauce, Wein oder Zitrone, das bringt zusätzliches Aroma ins Spiel. Weltweit gehört Huhn wahrscheinlich zu den am meisten verzehrten Tieren.

Der Vogel hat viel zu bieten: Brüste, Flügel und Ober- und Unterkeulen. Mit oder ohne Knochen. Mit oder ohne Haut. Als Filets, gewürfelt oder am Spieß. Und wem das noch nicht reicht: Auch andere Teile wie Leber sind überaus beliebt.

Der Hühnerhof mag auf Hahn und Huhn verweisen, doch auch anderes Federvieh, vor allem Wachtel und Ente, ist sehr wohlschmeckend. Und doch geht nichts über das Hähnchen: ein Vogel wie fürs Grillen gemacht.

SALZ-HÄHNCHEN MIT AÏOLI

Ergibt 4 Portionen

Grillgut legt man nicht jeden Tag (oder vor jedem Grillabend) in Salzlake ein, aber der Geschmack von in Salz eingelegtem Hähnchen (oder Truthahn) ist wirklich sehr besonders. Die Methode ist eine richtige Wissenschaft, sozusagen ein osmotischer Vorgang. Ein Aroma von einem Ort zum anderen bringen. Die Zubereitung erfordert einiges an Vorbereitung, aber die Mühe lohnt sich.

ZUTATEN

520 g Kochsalz
¼ l Weißweinessig
1 EL Fenchelsamen
2 Lorbeerblätter
2 kleine Bio-Hähnchen à 1,2 kg

AÏOLI

2 Eigelb
2 Knoblauchzehen, geschält und zerdrückt
1 Prise frisch gemahlener weißer Pfeffer
1 EL Zitronensaft
185 ml Reiskeimöl

ZUBEREITUNG

Salz, Essig, Fenchelsamen und Lorbeerblätter mit 10–12 Litern kaltem Wasser in einem großen Topf zum Kochen bringen. Hitze reduzieren und 30 Minuten köcheln lassen. Vom Herd nehmen und den Topfinhalt auf Zimmertemperatur abkühlen lassen.

Die Hähnchen durch das Brustbein längs halbieren, in die Lake legen und für mindestens 6 Stunden oder über Nacht in den Kühlschrank stellen. Die Hähnchen herausnehmen, die Lake abtropfen lassen und die Hähnchen mit der Haut nach oben auf ein Backblech oder mehrere große Teller legen. Für weitere 3–6 Stunden in den Kühlschrank setzen und 30 Minuten vor dem Grillen wieder herausnehmen.

Für die Aïoli Eigelbe, Knoblauch, weißen Pfeffer und Zitronensaft im Standmixer mischen. Bei langsamem Betrieb das Reiskeimöl in feinem Strahl nach und nach zugießen, bis eine dickliche Mayonnaise entstanden ist. Die Aïoli in eine Schüssel füllen.

Den Grill samt Hotplate auf hohe Temperatur vorheizen und den Deckel für den Backofen-Effekt schließen. Die Hähnchenteile mit der Haut nach oben auf einem Backrost verteilen und diesen auf eine Fettpfanne legen, die zur Hälfte mit Wasser gefüllt ist. Auf die Hotplate stellen. Den Deckel schließen und die Hähnchenteile 40–45 Minuten grillen, bis die Haut goldbraun ist. Vom Grill nehmen und 10–15 Minuten ruhen lassen. Die Aïoli und nach Belieben gegrillte Babymöhren zum Hähnchen servieren.

HÄHNCHEN MIT JALAPEÑO-BUTTER

Ergibt 4 Portionen

Dieses Gericht vereint zwei meiner absoluten Favoriten – eingelegte Jalapeño-Chilischoten und knusprig gebratene Hähnchenbrust. Früher durfte Hähnchenbrust auf keinen Fall eine Haut haben. Das klingt heute eher befremdlich, finden Sie nicht? Dabei ist es doch vor allem die Haut, die den Geschmack bringt. Auch wenn Sie die Haut nicht essen (Sie können sie ja einfach beiseitelegen – ein anderer am Tisch wird Ihnen dankbar sein), so sollten Sie sie unbedingt mitgrillen, denn dadurch wird das Brustfleisch wunderbar zart. Eingelegte Jalapeños verwende ich auch gern mit Mais für eine Salsa, für Mayonnaise oder sogar für chinesische Pfannengerichte mit Schwein oder Ente.

ZUBEREITUNG

Für die Jalapeño-Butter alle Zutaten im Standmixer zu einer Paste verarbeiten und in eine Schüssel füllen.
Die Butter-Mischung unter der Haut der Hähnchenbrüste gleichmäßig verteilen, dabei möglichst die Haut nicht beschädigen. Die Haut mit der restlichen Butter einreiben und mit wenig Meersalz würzen.
Mit Zahnstochern fixieren, damit sich die Haut beim Grillen nicht so stark zusammenzieht.
Die Hotplate des Grills auf hohe Temperatur vorheizen und den Deckel für den Backofen-Effekt schließen. Die Hähnchen auf einen Grillrost legen und diesen über eine tiefe Fettpfanne setzen, die zur Hälfte mit Wasser gefüllt ist. Auf den Grill stellen, den Deckel wieder schließen und die Hähnchenbrüste 35–40 Minuten schmoren, bis die Haut knusprig braun ist. Die fertigen Hähnchenbrüste vom Grill nehmen und 10–15 Minuten ruhen lassen. Mit Limettenhälften und Korianderblättern garniert servieren.

ZUTATEN

4 Bio-Hähnchenbrüste, mit Flügeln und Haut
Meersalz
Limettenhälften und Korianderblätter zum Garnieren

JALAPEÑO-BUTTER

2 EL in Salz eingelegte Jalapeño-Chilischoten, gut abgetropft und aufgeschnitten
1 Knoblauchzehe, geschält und gehackt
1 große Handvoll Korianderblätter
2 Sardellenfilets in Öl, abgetropft
125 g zimmerwarme Butter

HÄHNCHEN MIT BACON UND CHICORÉE

Ergibt 6 Portionen

Beim Kochen verliert der Chicorée seinen bitteren Geschmack und das ist gut so. Wenn Sie wollen, können Sie dieses Gericht zwischen zwei leckeren weichen Brötchenhälften mit etwas Aïoli servieren. Und zusätzlich mit etwas geriebenem Parmesan bestreuen – so ähnlich wie beim Caesar Salad mit Hähnchen.

ZUTATEN

6 große ausgelöste Bio-Hähnchen-oberschenkel ohne Haut
12 Streifen Bacon
3 EL Olivenöl
1 EL Rotweinessig
1 Knoblauchzehe, geschält und fein gehackt
2 EL glatte Petersilie, grob gehackt, zusätzlich einige Stängel zum Garnieren
Meersalz und frisch gemahlener weißer Pfeffer
4 Chicorée, geputzt und geviertelt
Zitronenscheiben

ZUBEREITUNG

Jeden Hähnchenschenkel halbieren. Jede Schenkelhälfte mit einem Streifen Bacon umwickeln und in eine flache Auflaufform legen.
Olivenöl, Essig, Knoblauch und gehackte Petersilie in einer Schüssel verrühren. Das Hähnchen mit der Marinade übergießen und gründlich darin wenden. Bei Zimmertemperatur 30 Minuten ziehen lassen oder abgedeckt für 3–6 Stunden in den Kühlschrank stellen.
Etwa 30 Minuten vor dem Grillen das Hähnchen aus dem Kühlschrank nehmen. Mit Meersalz und weißem Pfeffer kräftig würzen. Den Grill und die Hotplate auf hohe Temperatur vorheizen.
Den Chicorée längs halbieren und mit der Schnittfläche nach unten auf den Grillrost legen. Das Hähnchen auf die Hotplate legen und den Deckel schließen. Etwa 8–10 Minuten grillen, bis der Chicorée gebräunt ist und die Hähnchenschenkel mit dem Bacon eine schöne goldbraune Farbe angenommen haben. Chicorée und Hähnchen wenden, den Deckel wieder schließen und weitere 5 Minuten schmoren.
Chicorée und Hähnchen auf einer Servierplatte anrichten, mit Petersilie bestreuen und mit den Zitronenscheiben garnieren.

TANDOORI-HÄHNCHEN

Ergibt 4 Portionen

Ich kann leider nicht von mir behaupten, ich hätte Hähnchen auf der Bierdose erfunden, aber die Idee an sich gefällt mir. Das Ergebnis ist phänomenal. Es ist die ideale Art und Weise, ein ganzes Hähnchen zu grillen, vor allem, da die meisten von uns keinen eingebauten Drehspieß an ihrem Grill haben. Dieses Hähnchen schmeckt einfach großartig auf indischem Naan-Brot. Ein paar Salatblätter und einige Spritzer Zitronensaft machen das Ganze perfekt.

ZUTATEN

1 TL Safranfäden
2 kleine Bio-Hähnchen à 1,2 kg
⅛ l Zitronensaft
3 TL Meersalz
2 Zwiebeln, geschält und gehackt
260 g Naturjoghurt
2 TL Ghee (ersatzweise Butterschmalz)
2 Knoblauchzehen, geschält und gehackt
1 EL fein geriebener Ingwer
2 TL gemahlener Kreuzkümmel
1 TL gemahlener Koriander
½ TL gemahlene Kurkuma
½ TL Cayennepfeffer

ZUBEREITUNG

Die Safranfäden 10 Minuten in 2 Esslöffel heißem Wasser einweichen.
Die Hähnchen gut abspülen und trocken tupfen. Brüste und Beine je zweimal tief einschneiden und die Vögel in eine große Schüssel legen. Zitronensaft mit Meersalz und Safran-Wasser verrühren. Die Hähnchen mit der Mischung übergießen und darin wenden, bis sie vollständig von der Marinade bedeckt sind. Auch in die Schnitte reiben. Bei Zimmertemperatur 30 Minuten durchziehen lassen.
Die restlichen Zutaten im Standmixer zu einer Paste verarbeiten. Die Hähnchen gründlich damit einreiben. Abdecken und für weitere 6 Stunden oder über Nacht in den Kühlschrank stellen, zwischendurch immer wieder wenden. Etwa 30 Minuten vor dem Grillen die Hähnchen aus dem Kühlschrank nehmen.
Die Brenner des Grills voll aufdrehen und für den Backofen-Effekt den Deckel schließen. Die Hähnchen auf leere Bierdosen setzen. Die Hitze auf mittlere Temperatur reduzieren und die Hähnchen samt Dosen aufrecht auf die Hotplate stellen. Deckel schließen und die Hähnchen in 70 Minuten goldbraun garen. Sie sind durchgebraten, wenn beim Einstechen mit einem Metallspieß klare Bratflüssigkeit austritt. Servieren Sie pro Person ein halbes Hähnchen.

SCHARFE SCHENKEL

Ergibt 4 Portionen

Mein ultimativer Aroma-Tipp: Verwenden Sie getrockneten griechischen Oregano. Den gibt es im Feinkostladen, wo er in Büscheln angeboten wird. Er ist weitaus aromatischer als Oregano aus dem Supermarkt, und ich finde, er duftet auch ganz anders. Ich verwende zwar nicht viele getrocknete Kräuter, und es gibt einige, die mir nie in den Topf kämen, aber dieser Oregano wird von mir wie ein Gewürz eingesetzt. Ich würde sogar so weit gehen und behaupten, dass er besser ist als frischer.

ZUTATEN

6 ausgelöste Bio-Hähnchenoberschenkel ohne Haut
1 TL getrockneter griechischer Oregano
1 TL Chiliflocken
1 TL Meersalz, zusätzlich Salz zum Abschmecken
12 EL fein gehackte glatte Petersilie
3 EL Zitronensaft
3 EL Olivenöl
Zitronenspalten

ZUBEREITUNG

Da ein Schenkelende immer dicker ist als das andere, die dickere Hälfte mit dem Fleischklopfer sanft flach klopfen. Jeden Hähnchenschenkel halbieren und zusammen mit Oregano, Chili, Meersalz, Petersilie, Zitronensaft und Olivenöl in eine Schüssel geben. Das Hähnchen in der Marinade gründlich wenden, abdecken und bei Zimmertemperatur 30 Minuten marinieren lassen oder für 6 Stunden oder über Nacht in den Kühlschrank stellen. Falls das Hähnchen im Kühlschrank steht, die Schenkel zwischendurch immer wieder wenden und 30 Minuten vor dem Grillen herausnehmen.

Die Hotplate des Grills auf hohe Temperatur erhitzen. Die Hähnchenteile auf die Hotplate legen, die abgetropfte Marinade in der Schüssel belassen.

Das Hähnchen 7–8 Minuten braten. Die Hälfte der restlichen Marinade über das Hähnchen gießen und das Grillgut weitere 5–6 Minuten braten. Nun die restliche Marinade über das Hähnchen verteilen. Die Hähnchenteile zwischendurch immer wieder auf der Hotplate wenden, bis die Marinade vollständig aufgenommen ist. Mit Meersalz abschmecken und mit den Zitronenspalten anrichten.

ZARTE HÄHNCHEN-PÄCKCHEN

Ergibt 4 Portionen

Wo wären wir ohne die chinesische Küche? Für dieses Gericht werden klassische chinesische Gewürze verwendet – süße und salzige mit intensivem Aroma. Filets sind großartig. Man muss sie nicht groß zurechtschneiden oder klein hacken. Ich mag ihre Größe und Form und verwende sie häufig in Currys. Dazu brauchen sie nicht einmal Farbe zu nehmen: Man gibt sie einfach ins heiße Curry und pochiert sie darin. In diesem Rezept sind sie gut eingepackt und werden auf der Hotplate gedünstet.

ZUBEREITUNG

Alle Zutaten in einer Schüssel gründlich mischen.
Bei Zimmertemperatur 30 Minuten ziehen lassen oder abgedeckt für 6 Stunden in den Kühlschrank stellen. Etwa 30 Minuten vor dem Grillen aus dem Kühlschrank nehmen.
Nun 4 lange Streifen Alufolie auf die Arbeitsfläche legen. Darauf jeweils ein entsprechend großes Stück Backpapier legen.
Jeweils drei Filets in die Mitte jedes Backpapierstreifens legen. Die Folie um das Hähnchen herum zu einer Schale formen. Die Marinade gleichmäßig auf die einzelnen Päckchen verteilen. Die Folie sorgfältig zu Päckchen verschließen.
Die Hotplate des Grills auf mittlere Temperatur vorheizen. Die Päckchen auf die Hotplate geben, den Deckel schließen und die Hähnchenfilets in 5–6 Minuten vollständig durchgaren.
Die Päckchen auf eine Servierplatte legen und am Tisch öffnen. Mit Korianderblättern garnieren und dazu nach Belieben gegrillten Mais servieren.

ZUTATEN

12 Bio-Hähnchenfilets
8 Knoblauchzehen, geschält
3 EL helle Sojasauce
50 g zerlassene Butter
2 EL Honig
4 Sternanise
2 Zimtstangen, in 2 Hälften gebrochen
Korianderblätter

HÄHNCHENSCHENKEL MIT KNOBLAUCHCREME

Ergibt 6 Portionen

Sie können überschüssiges Fett an den Hähnchenschenkeln entfernen, aber ich würde Ihnen raten, es dranzulassen. Das meiste löst sich sowieso oder verbrutzelt. Es bildet eine Art Puffer zwischen Fleisch und starker Grillhitze, wodurch die Schenkel zart und sehr schmackhaft bleiben. Der heimliche Star in diesem Rezept ist die Knoblauchcreme, die als Toum auf die Speisekarte jedes guten libanesischen Restaurants gehört. Sie ähnelt der Aïoli, ist aber trotzdem ganz anders, denn sie enthält kein Eigelb, sondern nur Eiweiß – und schmeckt fantastisch.

ZUTATEN

6 große ausgelöste Bio-Hähnchen-oberschenkel ohne Haut
⅛ l Zitronensaft
⅛ l Weißwein
2 TL Meersalz
1 TL Zucker
1 TL getrockneter Oregano
glatte Petersilie

KNOBLAUCHCREME

4 Knoblauchzehen, geschält und gehackt
2 Eiweiß
185 ml Olivenöl

ZUBEREITUNG

Für die Knoblauchcreme den Knoblauch und die Eiweiße im Standmixer verrühren. Bei laufendem Motor nach und nach das Olivenöl zugießen, bis eine schön luftige, sämige weiße Paste entstanden ist. Die Creme in eine Schüssel füllen.

Hähnchenteile, Zitronensaft, Weißwein, Meersalz, Zucker und Oregano in einer nichtmetallenen Schale mischen. Bei Zimmertemperatur 30 Minuten ruhen lassen oder abgedeckt für 3–6 Stunden in den Kühlschrank stellen. Das Hähnchen 30 Minuten vor dem Grillen aus dem Kühlschrank nehmen.

Den Grillrost auf hohe Temperatur vorheizen. Die Schenkel 8 Minuten grillen, wenden und weitere 5 Minuten grillen.

Mit Petersilienblättern bestreuen und zusammen mit der Knoblauchcreme servieren.

HÄHNCHEN-WRAPS MIT CHILI-BOHNEN-SAUCE

Ergibt 4 Portionen

Chili-Bohnen-Sauce wird aus Sojabohnen, Chili und Essig angerührt. Burritos und chinesische Gewürze mögen auf den ersten Blick nicht unbedingt zusammenfinden, aber hier geht es ums Grillen. Und da dreht sich schließlich alles um Gewürze, Zutaten und Techniken, die Ihnen persönlich zusagen, stimmt's?

ZUTATEN

3 EL chinesische Chili-Bohnen-Sauce (Asialaden)
1 TL Sesamöl
2 TL helle Sojasauce
1 Bund Koriander, gehackt
3 ausgelöste Bio-Hähnchenbrüste ohne Haut
Olivenöl für den Grillrost
80 g grüner Salat, in Streifen geschnitten
1 kleine Gurke, in feine Scheiben geschnitten
4 weiche Burritos

ZUBEREITUNG

Die Chili-Bohnen-Sauce mit Sesamöl, Sojasauce und Koriander im Standmixer zu einer glatten Paste verarbeiten. Das Hähnchen in der Paste wenden. Abdecken und 3–6 Stunden oder über Nacht im Kühlschrank kalt stellen, dabei zwischendurch immer wieder wenden. Das Hähnchen 30 Minuten vor dem Grillen aus dem Kühlschrank nehmen.

Den Grill auf mittlere Temperatur vorheizen und den Grillrost leicht mit Olivenöl einpinseln. Die Hähnchenbrüste auf den Grill legen, den Deckel schließen und das Hähnchenfleisch 10 Minuten garen. Danach einmal wenden, den Deckel wieder schließen und weitere 8–10 Minuten grillen, bis das Fleisch schön durchgegart ist. Vom Grill nehmen und vor dem Servieren 10–15 Minuten ruhen lassen.

Die Hähnchenbrüste in Scheiben schneiden und mit Salat und Gurke auf den Burritos anrichten.

FESTTAGS-PUTE MIT CRANBERRY-KIRSCH-SAUCE

Ergibt 4 Portionen

Putenbrust zunächst in einer Marinade einzulegen ist der erste Schritt zu einem köstlichen Geflügelgericht. Die Haut sollten Sie nicht entfernen, dann wird das Fleisch nicht so schnell trocken. Die Putenbrust wird fast fertig gegart und dann in Folie eingewickelt. Lassen Sie sie vor dem Servieren kurz ruhen.

ZUBEREITUNG

Für die Cranberry-Kirsch-Sauce Portwein, Crème de Cassis, Hühnerfond und Maisstärke in einem kleinen Topf glatt rühren. Anschließend Kirschen, Cranberrys, Zimt und Zucker zugeben und die Sauce bei mittlerer Hitze 4–5 Minuten leicht köcheln lassen, bis die Flüssigkeit eingedickt ist und die Früchte weich sind. Die Sauce beiseitestellen.

Die Hotplate und den Grillrost des Grills auf hohe Temperatur vorheizen und für den Backofen-Effekt den Deckel schließen. Die Hitze anschließend auf mittlere Temperatur reduzieren. Die Putenbrust mit Meersalz bestreuen und mit der Haut nach unten auf die Hotplate legen. Dabei sollte ein feines Brutzeln zu hören sein – falls das Geflügel zu stark brutzelt, die Hitze etwas reduzieren. Den Deckel schließen und die Putenbrust 15–20 Minuten garen, bis die Haut goldbraun und knusprig ist. Wenden, den Deckel wieder schließen und die Putenbrust weitere 10 Minuten garen. Anschließend vom Grill nehmen, locker in Alufolie einwickeln und auf dem warmen Grilldeckel 15 Minuten ruhen lassen.

Die Putenbrust in Scheiben schneiden, auf einer Servierplatte anrichten und mit Cranberry-Kirsch-Sauce beträufeln. Die Salbeiblätter darüber verteilen und servieren.

ZUTATEN

1 Bio-Putenbrustfilet à 800 g mit Haut
Meersalz
1 Handvoll Salbeiblätter

CRANBERRY-KIRSCH-SAUCE

170 ml Portwein
4 EL Crème de Cassis
2 EL Hühnerfond
1 EL Maisstärke
125 g frische oder tiefgekühlte halbierte Kirschen ohne Kern
100 g frische oder tiefgekühlte Cranberrys
½ TL Zimt
2 TL Zucker

MAROKKANISCHE WACHTEL MIT KUMQUATS

Ergibt 4 Portionen

Gegrilltes Fleisch, mit ganz viel Kreuzkümmel, Koriander und Paprika gewürzt, ist in der Küche Marokkos häufig anzutreffen. In Marrakesch gibt es den berühmten Nachtbasar am Djemaa-el-Fna-Platz. Die abendlichen Lichter dort sind wunderschön und sehr romantisch. Hunderte Holzkohlegrills erfüllen die Luft mit dichtem Rauch. Von den Vereinten Nationen ist der Ort als „Meisterwerk des mündlichen und immateriellen Erbes der Menschheit" eingestuft worden. Das ist mal ein Barbecue.

ZUTATEN

8 Bio-Wachteln
3 EL Orangensaft
6 Kumquats, halbiert
1 EL Estragonessig
1 EL Olivenöl
2 TL gemahlener Koriander
Meersalz
einige Stängel Koriander (nach Belieben)

ZUBEREITUNG

Eine Wachtel mit der Brustseite nach oben auf ein Schneidebrett legen und durch die Öffnung mit einem scharfen Messer rechts und links des Rückgrats ganz durchschneiden. Das Rückgrat entfernen. Die Wachtel ausgebreitet auf das Schneidebrett legen und flach drücken. Mit den übrigen Wachteln ebenso verfahren. Orangensaft, Kumquats, Essig, Olivenöl und gemahlenen Koriander in einer flachen Auflaufform mischen und die Wachteln gründlich darin wenden. Abgedeckt bis zu 6 Stunden kalt stellen. Wachteln und Kumquats aus der Marinade nehmen, auf ein Backblech legen und 30 Minuten bei Zimmertemperatur ruhen lassen. Die Wachteln kurz vor dem Grillen mit Meersalz bestreuen.

Die Hotplate des Grills auf mittlere Temperatur vorheizen und mit Backpapier abdecken. Die Wachteln mit der Haut nach unten auf das Papier legen und bei geschlossenem Deckel 10 Minuten garen, bis die Haut wunderbar kross ist. Wenden und die Kumquats ebenfalls auf die Hotplate legen. Den Deckel schließen und das Grillgut weitere 4–5 Minuten garen, bis die Wachteln durchgegart und die Kumquats weich und saftig sind.

Nach Belieben mit Koriander garniert, mit Kumquats und eventuell Kräuter-Couscous servieren.

ZITRONEN-GEWÜRZ-HÄHNCHEN

Ergibt 6 Portionen

Wieder einmal singe ich ein Loblied auf die guten alten Hähnchenschenkel. Und wieder verwende ich typisch marokkanische Gewürze. Wenn Sie wenig Kocherfahrung haben oder Kochen als wahre Herausforderung verstehen, dann sind marokkanische Gerichte einfach ideal. Sie werden häufig als Indisch für Anfänger bezeichnet, da marokkanische Gewürze und Kochtechniken einfach und unkompliziert sind. Das heißt aber nicht, sie wären nicht komplex. Und denkt dran, Jungs und Mädels: Gewürze verlieren schnell ihr Aroma. Sie sollten unbedingt frisch sein und nicht zu lange lagern. Frische Kräuter gibt es auf dem Wochenmarkt und im gut sortierten Supermarkt, und wie heißt es so schön: Sie werden den Unterschied schmecken.

ZUTATEN

2 TL Paprikapulver
2 TL geriebener Ingwer
½ TL gemahlene Kurkuma
1 TL gemahlener Koriander
3 EL Olivenöl
2 EL Zitronensaft
6 große ausgelöste Bio-Hähnchenoberschenkel ohne Haut, halbiert
Meersalz

ZUBEREITUNG

Paprikapulver, Ingwer, Kurkuma, Koriander, Olivenöl und Zitronensaft in einer kleinen Schüssel verrühren. Die Hähnchenteile in einer flachen Auflaufform verteilen und die Marinade darübergießen. Die Teile mehrfach wenden, damit sie vollständig mit der Marinade überzogen sind. Abdecken und für einige Stunden oder über Nacht in den Kühlschrank stellen, zwischendurch gelegentlich wenden.

Das Hähnchen 30 Minuten vor dem Grillen aus dem Kühlschrank nehmen.

Die Hotplate des Grills auf hohe Temperatur vorheizen. Die Schenkel auf die Hotplate legen, mit Meersalz würzen und 8 Minuten garen, ohne die Teile zu bewegen. Anschließend die Hähnchenteile wenden und weitere 4–5 Minuten garen, bis sie goldbraun und ganz durchgebraten sind und aromatisch duften. Vor dem Servieren einige Minuten ruhen lassen.

Penfolds
Grange

HÄHNCHENSPIESSE NACH PIRATENART

Ergibt 4 Portionen

Warum ich das hier nach Piraten benannt habe, bin ich mir auch nicht ganz sicher, wenn man bedenkt, dass Piraten auf See rauben und plündern. Wahrscheinlich liegt es an meiner Leidenschaft für karibische Gerichte, die ich immer mit scharfem Cayennepfeffer und tropischem Limettensaft assoziiere – und dabei fallen mir unweigerlich Piraten ein!

ZUTATEN

6 ausgelöste Bio-Hähnchen-oberschenkel ohne Haut, geviertelt
2 Frühlingszwiebeln, geputzt und in Ringe geschnitten
1 Handvoll glatte Petersilie
2 Knoblauchzehen, geschält und gehackt
¼ TL Cayennepfeffer
2 EL Limettensaft
2 EL Olivenöl

LIMETTEN-KRÄUTER-SAUCE

3 EL Limettensaft
2 EL Olivenöl
3 EL glatte Petersilie, fein gehackt
2 TL Rosmarin, fein gehackt
1 große rote Chilischote, entkernt und fein gehackt
4 Frühlingszwiebeln, geschält und in feine Ringe geschnitten

ZUBEREITUNG

Die Hähnchenstücke in eine Auflaufform oder Schüssel legen. Frühlingszwiebeln, Petersilie, Knoblauch, Cayennepfeffer, Limettensaft und Olivenöl in der Küchenmaschine zu einer glatten Paste verarbeiten und das Fleisch gründlich damit einreiben. Abdecken und für 6 Stunden oder über Nacht in den Kühlschrank stellen.

Für die Limetten-Kräuter-Sauce die Zutaten mischen und ⅛ Liter kochendes Wasser zugießen. Alles gut verrühren und die Sauce beiseitestellen. 8 Holz-Schaschlikspieße 30 Minuten in Wasser einweichen.

Das Hähnchen 30 Minuten vor der Zubereitung aus dem Kühlschrank nehmen. Jeweils 3 Hähnchenteile auf einen Holzspieß stecken.

Die Hotplate des Grills oder den Grillrost auf hohe Temperatur vorheizen. Die Spieße 8–10 Minuten garen, dabei immer wieder wenden. Vor dem Servieren mit etwas Sauce beträufeln.

HÄHNCHENFILETS IN KOKOS-MARINADE

Ergibt 4 Portionen

Das Gericht hat eine indische Note, aber die Gewürze passen eher in die Küche der Karibik – jede Menge pikanter Aromen, Kokosnuss und tropische Limette. Filets sind immer eine gute Wahl, denn sie sind weder fett noch werden sie schnell trocken.

ZUBEREITUNG

Die Hähnchenfilets in eine große nichtmetallene Schüssel legen.

Zwiebel, Petersilie, Koriander, Nelkenpulver, Zimt, Limettensaft und Kokosmilch im Standmixer zu einer Marinade verarbeiten und auf den Filets verteilen. Die Hähnchen gründlich in der Marinade wenden, sodass sie vollständig davon bedeckt sind. Abdecken und für 3–6 Stunden in den Kühlschrank stellen.

Die Hähnchenfilets 30 Minuten vor der Zubereitung aus dem Kühlschrank nehmen. Die Hotplate des Grills auf hohe Temperatur vorheizen und mit dem Olivenöl beträufeln. Eventuell überschüssige Marinade von den Filets abtropfen lassen. Die Hähnchenfilets auf die Hotplate legen, dabei ausreichend Platz zwischen den einzelnen Teilen lassen. Etwa 8–10 Minuten garen, dabei immer wieder wenden, bis die Filets gut durchgebraten sind und ihr Fleisch goldbraun, zart und aromatisch ist.

Mit den Limettenscheiben auf einer Servierplatte anrichten. Nach Belieben mit etwas Paprikapulver und Korianderblättchen bestreuen.

ZUTATEN

800 g Bio-Hähnchenfilets
1 Zwiebel, geschält und gehackt
1 Handvoll glatte Petersilie
1 Handvoll Korianderblätter
¼ TL Nelkenpulver
¼ TL Zimt
1 EL Limettensaft
¼ l Kokosmilch
2 EL Olivenöl für die Hotplate
Limettenscheiben
½ TL süßes Paprikapulver (nach Belieben)
einige Stängel Koriander (nach Belieben)

ENTENHAXEN À LA CHINATOWN

Ergibt 4 Portionen

Als ich zum ersten Mal die Begriffe Ente und Haxe zusammen hörte, dachte ich, das sei ein Witz oder ein Versehen. Schließlich ist eine Haxe doch der untere Teil eines Huftier-Beins? Ich dachte an Lammhaxen. Aber nein, eine Haxe gehört eigentlich zum Bein eines jeden Wirbeltiers. Aber das nur am Rande. Ich kann mich glücklich schätzen, dass ich nur 20 Minuten von der größten Bio-Entenfarm Australiens entfernt wohne. So kommen bei uns oft ganze Enten, Entenleber, gebratene Ente und eben „Entenhaxen" beziehungsweise Entenschenkel auf den Tisch. Die exotischeren Zutaten für dieses Gericht bekommen Sie im Asialaden.

ZUTATEN

12 Bio-Entenschenkel
2 EL Hoi-Sin-Sauce
2 EL helle Sojasauce
2 EL chinesischer Reiswein
2 Sternanise
2 Tropfen Cochenille, nach Belieben
2 EL Honig
2 Frühlingszwiebeln, geputzt und in feine Ringe geschnitten
chinesische Grillsauce (Char Siu)

ZUBEREITUNG

Am Vortag die Entenschenkel mit Hoi-Sin-Sauce, Sojasauce, Reiswein, Sternanisen und gegebenenfalls Cochenille in eine Auflaufform geben. Die Ententeile in der Marinade wenden. Abdecken und für 24 Stunden in den Kühlschrank stellen, zwischendurch die Schenkel gelegentlich wenden.

Am nächsten Tag das Fleisch 30 Minuten vor der Zubereitung aus dem Kühlschrank nehmen.

Die Hotplate und den Grillrost des Grills auf mittlere Temperatur vorheizen und für den Backofen-Effekt den Deckel schließen.

Die Ente aus der Marinade heben und auf einen Rost legen. Diesen auf eine tiefe Fettpfanne legen, die zur Hälfte mit Wasser gefüllt ist. Auf den Grill setzen, den Grilldeckel schließen und die Entenschenkel 30 Minuten braten. Wenden und weitere 30 Minuten braten, bis alle Teile schön goldbraun sind. Die Schenkel mit Honig einpinseln, weitere 10 Minuten braten und dann erneut wenden. Rundherum mit Honig einpinseln, bis die Schenkel schön knusprig glänzen.

Die Entenschenkel auf einer Servierplatte anrichten und die Frühlingszwiebeln darüber verteilen. Mit der chinesischen Grillsauce servieren.

KREOLISCHES HÄHNCHEN

Ergibt 4 Portionen

Dieses Rezept kann wirklich was. Marinade und Sauce passen nicht nur zu Huhn, sondern sind auch toll zu Schweinefilets, Schweinekottelets, Rumpsteak oder Bauchsteak. Ich persönlich kann sie mir sogar mit Lamm vorstellen.

ZUBEREITUNG

Die Hähnchenbrüste in eine nichtmetallene Schüssel legen. Zwiebel, Knoblauch, Korianderstängel, Olivenöl und Essig im Standmixer zu einer Paste verarbeiten und damit die Hähnchenbrüste gründlich einreiben. Abdecken und für 6 Stunden oder über Nacht in den Kühlschrank stellen.

Das Hähnchen 30 Minuten vor der Zubereitung aus dem Kühlschrank nehmen.

Für die Sauce alle Zutaten in einer kleinen Schüssel verrühren.

Den Grillrost oder die Hotplate des Grills auf hohe Temperatur vorheizen. Das Hähnchen mit der Haut nach unten 8–10 Minuten garen. Wenden und weitere 5 Minuten garen. Vom Grill nehmen und 10 Minuten ruhen lassen.

Die Sauce über die heißen Hähnchenbrüste löffeln. Nach Belieben mit gegrilltem Mais und kleinen Strauchtomaten servieren.

ZUTATEN

4 ausgelöste Bio-Hähnchenbrüste mit Haut
1 Zwiebel, geschält und gehackt
2 Knoblauchzehen, geschält und gehackt
1 EL fein gehackte Korianderstängel
2 EL Olivenöl
2 EL Weißweinessig

LIMETTEN-SAUCE

2 EL Olivenöl
2 EL Limettensaft
2 TL gemahlener Kreuzkümmel
2 Knoblauchzehen, geschält und zerdrückt
3 EL gehackte Korianderblätter

HÄHNCHENLEBER-SPIESSE MIT SZECHUANPFEFFER UND SALZ

Ergibt 2–4 Portionen

Chinesisch mag ich wirklich, und die Anregung zu dieser pfannengeschmorten Hähnchenleber bekam ich in einem China-Restaurant in Sydney. Würden Sie Leber nicht mögen, hätten Sie wahrscheinlich schon längst weitergeblättert. Wenn Sie jedoch ein Fan von Leber sind, dann wissen Sie genau, was ich meine. Leber sieht mit Sauce nie so appetitlich aus wie ohne. Diese hier ist auf der sehr heißen Hotplate des Grills unkompliziert und rasch zubereitet.

ZUTATEN

1 TL Szechuanpfeffer-Kapseln
1 TL Meersalz
500 g Bio-Hähnchenleber
2 EL Balsamico-Essig
2 EL helle Sojasauce
Olivenöl für den Grillrost
gegrillte Orangenscheiben

ZUBEREITUNG

Szechuanpfeffer und Salz in einer kleinen Pfanne bei hoher Temperatur erhitzen und rösten, bis die Kapseln anfangen zu rauchen, dabei die Pfanne immer wieder schwenken, damit alles gleichmäßig bräunt. Die Pfanne vom Herd nehmen. Salz und Szechuanpfeffer in eine Schüssel füllen und abkühlen lassen. In der Gewürzmühle zu einem feinen rauchfarbenen Salz vermahlen und in eine Schüssel füllen. Von der Leber alle überflüssigen Sehnen und Blutgefäße abschneiden, dabei die Teile nicht zu weit aufschneiden. Die Lebern anschließend mit Essig und Sojasauce in eine nichtmetallene Schüssel geben. Bei Zimmertemperatur 30 Minuten marinieren. Währenddessen 4 Bambusspieße in Wasser einweichen.

Die marinierten Leberteile auf die Spieße stecken. Die Hotplate des Grills auf hohe Temperatur vorheizen und leicht mit Olivenöl beträufeln. Die Lebern von jeder Seite 2–3 Minuten goldbraun grillen. Mit der Szechuanpfeffer-Salz-Mischung bestreuen und mit den gegrillten Orangenscheiben garnieren.

CHILI-JOGHURT-HÄHNCHEN

Ergibt 6 Portionen

Lieben Sie nicht auch diese Erinnerungen an früher, die untrennbar mit einem Gericht verbunden sind? Ich muss dabei an meine ersten frittierten Bananen denken – die schmeckten himmlisch. Und an das erste Mal, als ich Koriander probierte – merkwürdig und geschmacklich herausfordernd zugleich. Und dann gab es da noch diese Kombination aus Joghurt und Hähnchen, die ich in den frühen 1980er Jahren in einem progressiven Café in den Blue Mountains westlich von Sydney genoss. Progressiv nenne ich es, weil die Mädels, die es betrieben, schon zehn Jahre früher als alle anderen mit Aromen und Zutaten experimentierten. Zu einer Zeit, als sich die Food-Szene auf die Haute Cuisine konzentrierte, servierten sie dort grandiose, abenteuerliche und schmackhafte Gerichte aus den Küchen Asiens und des Mittleren Ostens. Im Café verrieten sie mir dieses Rezept.

ZUBEREITUNG

Joghurt, Knoblauch, Ingwer, Chilipulver und Zitronensaft in einer großen nichtmetallenen Schüssel verrühren. Das Hähnchen zugeben und gründlich darin wenden. Abdecken und für 6 Stunden oder über Nacht in den Kühlschrank stellen.

Das Hähnchen 30 Minuten vor der Zubereitung aus dem Kühlschrank nehmen.

Die Hotplate des Grills auf hohe Temperatur vorheizen und einige Tropfen Olivenöl daraufgeben.

Die Hähnchenschenkel auflegen und in 7–8 Minuten goldbraun braten. Wenden und weitere 7–8 Minuten braten, bis sie schön durchgegart sind.

Mit Zitronenscheiben und Rucola anrichten.

ZUTATEN

130 g Naturjoghurt
2 Knoblauchzehen, geschält und zerdrückt
½ TL geriebener Ingwer
¼ TL Chilipulver
2 EL Zitronensaft
6 ausgelöste Bio-Hähnchenoberschenkel ohne Haut
Olivenöl für den Grillrost
Zitronenscheiben
3 Handvoll Rucola

PIRI-PIRI-HÄHNCHEN

Ergibt 4 Portionen

Wie oft wollen uns irgendwelche Restaurantketten weismachen, sie servierten typisch portugiesisches Grillhähnchen. Nur einige können es wirklich. Wie der Rezeptname schon verrät, habe ich dieselben portugiesischen Ambitionen. Es ist zwar nicht gerade die klassische Variante, denn ich verwende chinesische Knoblauch-Chili-Sauce und fertig gekaufte geschmorte Paprikaschoten. Dafür ist es wirklich köstlich und extrem einfach in der Zubereitung.

ZUTATEN

4 kleine Bio-Hähnchen à 500 g
Meersalz

PIRI-PIRI-MARINADE

300 g geschmorte rote Paprikaschoten, gehackt
4 EL chinesische Chili-Knoblauch-Sauce
1 ½ EL Olivenöl
1 ½ TL gemahlener Kreuzkümmel
1 ½ TL frische Majoranblättchen, zusätzlich Majoran zum Garnieren

ZUBEREITUNG

Für die Piri-Piri-Marinade die Zutaten im Standmixer zu einer glatten Sauce pürieren und beiseitestellen.
Ein Hähnchen mit der Brust nach oben auf ein Schneidebrett legen. Mit der Handfläche festhalten und durch die Öffnung mit einem großen Messer links und rechts am Rückgrat entlang durchschneiden. Das Rückgrat entfernen. Das Hähnchen mit der Brust nach oben auf dem Schneidebrett auslegen und flach drücken. Mit den übrigen Hähnchen ebenso verfahren.
Die Hähnchen in eine große Auflaufform legen und mit zwei Dritteln der Marinade gründlich einreiben. Die restliche Marinade wieder kühl stellen. Die Hähnchen abgedeckt für 3–6 Stunden oder über Nacht kalt stellen, zwischendurch immer wieder wenden.
30 Minuten vor der Zubereitung die Hähnchen aus dem Kühlschrank nehmen. Hotplate und Grillrost des Grills auf hohe Temperatur vorheizen und für den Backofen-Effekt den Grilldeckel schließen.
Die Haut der Hähnchen mit Meersalz bestreuen. Hähnchen mit der Brust nach unten auf die Hotplate legen, den Deckel schließen und 5 Minuten braten. Auf mittlere bis geringe Hitze reduzieren und die Hähnchen weitere 10–15 Minuten braten, bis sie duften und die Haut eine dunkelgoldene Farbe genommen hat. Wenden und in weiteren 15 Minuten fertig garen. Nun 10–15 Minuten ruhen lassen.
Mit den frischen Majoranblättern bestreuen und die beiseitegestellte Marinade als Sauce dazu servieren.

GEWÜRZ-WACHTELN MIT VIETNAMESISCHER LIMETTEN-PFEFFER-SAUCE

Ergibt 4 Portionen

Jedes vietnamesische Restaurant hat sein eigenes Wachtel-Rezept. Soweit ich gehört habe, werden die Wachteln zuerst mariniert und dann frittiert. Wir können das hier leider nicht machen, deshalb habe ich mich fürs Grillen entschieden. Warum auch nicht? Grillen ist einfach perfekt. Die Sauce zum Dippen ist pikant und pfeffrig mit einem prickelnden Geschmack auf der Zunge.

ZUBEREITUNG

Für die Limetten-Pfeffer-Sauce die Zutaten in einer Schüssel gut verrühren und beiseitestellen.

Eine Wachtel mit der Brustseite nach oben auf ein Schneidebrett legen und durch die Öffnung mit einem kleinen scharfen Messer links und rechts am Rückgrat entlangschneiden. Das Rückgrat entfernen. Die Wachtel ausgebreitet auf das Schneidebrett legen und flach drücken. Mit den übrigen Wachteln ebenso verfahren. Jede Wachtel längs halbieren, sodass insgesamt 16 Teile entstehen. Reiskeimöl, Fünf-Gewürze-Pulver und Meersalz in einer großen Auflaufform mischen und die Wachteln darin wenden, bis sie vollständig von der Marinade bedeckt sind. Für 1 Stunde beiseitestellen.

Die Hotplate des Grills auf mittlere Temperatur vorheizen und mit einer Lage Backpapier abdecken. Die Wachteln mit der Haut nach unten auf das Papier legen und bei geschlossenem Deckel 10 Minuten garen, bis sie aromatisch duften und ihre Haut schön knusprig ist. Wenden und in weiteren 4–5 Minuten goldbraun backen. Sie sollten nun durchgegart sein. Die Limetten-Pfeffer-Sauce zu den Wachteln servieren. Mit Limettenscheiben garnieren.

ZUTATEN

8 Bio-Wachteln
1 EL Reiskeimöl
½ TL Fünf-Gewürze-Pulver
1 TL Meersalz
Limettenscheiben

LIMETTEN-PFEFFER-SAUCE

3 EL Limettensaft
½ TL frisch gemahlener weißer Pfeffer
½ TL feiner Zucker

KERALA-HÄHNCHEN

Ergibt 4 Portionen

Die Küche Keralas ist weit weniger komplex und üppig als die Küchen anderer Teile Indiens. Und mit üppig meine ich schwer und reichhaltig. Dies ist ein sehr einfaches Grillhähnchen-Gericht. Es kann auch gut mit Hähnchenunter- und -oberschenkeln zubereitet werden; denken Sie nur daran, die Garzeit entsprechend zu verlängern.

ZUTATEN

4 ausgelöste Bio-Hähnchenbrüste mit Haut
3 EL Zitronensaft
2 Knoblauchzehen, geschält und fein gehackt
1 EL fein geriebener Ingwer
1 kleine Zwiebel, geschält und gehackt
¼ TL gemahlene Kurkuma
1 TL gemahlener Kreuzkümmel
1 TL Paprikapulver
¼ TL Chilipulver
Pflanzenöl für den Grillrost
4 Scheiben Fladenbrot oder indisches Naan, Tomatenscheiben, rote Zwiebelringe, Korianderstängel, Naturjoghurt und Zitronenspalten als Beilage

ZUBEREITUNG

Die Hähnchenbrüste in eine Auflaufform legen. Zitronensaft, Knoblauch, Ingwer, Zwiebel, Kurkuma, Kreuzkümmel, Paprika- und Chilipulver im Standmixer zu einer glatten Paste verarbeiten und auf dem Fleisch verteilen. Abdecken und für 6 Stunden oder über Nacht in den Kühlschrank stellen.

Die Hähnchenbrüste 30 Minuten vor der Zubereitung aus dem Kühlschrank nehmen.

Die Hotplate des Grills auf hohe Temperatur vorheizen und mit etwas Pflanzenöl einfetten.

Die Hähnchenbrüste mit der Hautseite nach unten 8–10 Minuten auf der Hotplate garen, bis die Haut eine goldbraune Farbe genommen hat. Die Hitze reduzieren und die Hähnchen wenden. Den Grilldeckel schließen und das Geflügel noch 10 Minuten garen. Vom Grill nehmen, locker mit Alufolie abdecken und vor dem Schneiden 10 Minuten ruhen lassen.

Das Fladenbrot auf dem Grill erwärmen und leicht bräunen. Das Hähnchen in Scheiben schneiden, auf dem Fladenbrot anrichten und mit Tomatenscheiben, roten Zwiebelringen und Korianderstängeln garnieren. Dazu Joghurt und Zitronenspalten reichen.

will recommend a
tape with an English
are plentiful
market and
obtained by
hold the fury of
by the Season,

HÄHNCHENFLÜGEL IN ZITRONEN-BALSAMICO-INGWER-MARINADE

Ergibt 4 Portionen

Okay, es mag sich vielleicht seltsam anhören: In diesem Rezept werden die Hähnchenflügel auf die noch kalte Hotplate des Grills gelegt. Daher sollte die Hotplate unbedingt sauber sein. Diese Zubereitungsweise ist einfach genial für die dichte, knochige Masse von Hähnchenflügeln. Häufig wird die Außenseite zu lange gegart, weil man annimmt, das Fleisch sei von innen noch nicht gar. Mit dieser Zubereitung erreichen Sie garantiert ein gleichmäßiges Garen.

ZUTATEN

12 Bio-Hähnchenflügel
⅛ l Balsamico-Essig
⅛ l Zitronensaft
2 EL Olivenöl
2 EL fein geriebener Ingwer
2 Knoblauchzehen, geschält und zerdrückt
¼ TL Cayennepfeffer
Meersalz
Zitronenscheiben
frisch gemahlener schwarzer Pfeffer

ZUBEREITUNG

Zunächst die Flügelspitzen abschneiden und dann die Flügel am Mittelgelenk durchtrennen. Die Flügelteile in eine große nichtmetallene Auflaufform legen. Essig, Zitronensaft, Olivenöl, Ingwer, Knoblauch und Cayennepfeffer mischen und über die Hähnchenflügel gießen. Mit den Händen die Hähnchenteile in der Marinade wenden. Das Geflügel abdecken und mindestens 3–6 Stunden oder über Nacht in den Kühlschrank stellen.

Die Hähnchenteile 30 Minuten vor der Zubereitung aus dem Kühlschrank nehmen. Den Grill nicht vorheizen, sondern die Flügel auf die saubere kalte Hotplate legen. Großzügig mit Meersalz bestreuen. Nun den Grill auf hohe Temperatur einstellen, den Deckel des Grills schließen und die Hähnchenflügel in 12–15 Minuten goldbraun braten. Bereits nach einigen Minuten ist ein leichtes Brutzeln zu hören. Die Flügel wenden und in weiteren 5 Minuten fertig garen. Mit Zitronenscheiben garnieren und dazu Salz und Pfeffer zum Nachwürzen reichen.

SCHMORHÄHNCHEN SHANTUNG

Ergibt 4 Portionen

Wenn Sie Grillhähnchen vom China-Imbiss mögen, dann werden Sie dieses Gericht lieben. In dieser Sauce harmonieren die klassischen Geschmacksrichtungen salzig, sauer, süß und pikant. Damit bringen Sie das gute alte Hähnchen in ganz andere Sphären.

ZUTATEN

1 großes Bio-Hähnchen à 1,8 kg
2 EL Sesamöl
2 EL helle Sojasauce
1 EL Zitronensaft

SHANTUNG-SAUCE

2 EL helle Sojasauce
2 EL Reisessig
2 TL feiner Zucker
½ TL Meersalz
2 große rote Chilischoten, entkernt und in feine Ringe geschnitten
1 kleines Bund Koriander, grob gehackt

ZUBEREITUNG

Das Hähnchen mit der Brustseite nach oben auf das Schneidebrett legen. Durch die Öffnung mit einem langen scharfen Messer links und rechts am Rückgrat entlangschneiden. Das Rückgrat entfernen.

Das Hähnchen ausgebreitet auf das Schneidebrett legen und flach drücken. Dann in eine große Auflaufform legen. Sesamöl, Sojasauce und Zitronensaft in einer kleinen Schüssel verrühren und über das Hähnchen geben. Abdecken und für 3 Stunden in den Kühlschrank stellen.

Das Hähnchen 1 Stunde vor der Zubereitung aus dem Kühlschrank nehmen. Die Hotplate und den Grillrost des Grills auf geringe Temperatur vorheizen und für den Backofen-Effekt den Deckel schließen.

Ein v-förmiges Grillgestell umdrehen, sodass das V auf dem Kopf steht. Das Hähnchen mit dem Brustbein nach innen daraufsetzen. Die Marinade auffangen. Das Grillgestell auf die Hotplate setzen und das Hähnchen bei geringer Hitze 1 ½ –2 ¼ Stunden garen, bis es goldbraun und das Fleisch herrlich zart ist. Dabei alle 15 Minuten mit der aufgefangenen Marinade einpinseln. Das fertig gegarte Hähnchen auf eine Servierplatte legen.

Für die Shantung-Sauce die Zutaten in einer kleinen Schüssel verrühren und über das warme Hähnchen geben. Nach Belieben mit gedämpftem Asia-Gemüse servieren.

DIE WEIDE

Grillen führt uns zurück zum Urprinzip des Kochens: Fleisch wird durch Hitze gegart. Und am liebsten grillen wir rotes Fleisch.
Ich muss mich sehr zurückhalten, um dieses Kapitel nicht nur mit meinen Lieblingsfleischsorten zu füllen – Rumpsteak und Lammkeule. Es geht doch nichts über ein ordentliches Rumpsteak, mariniert in Sojasauce, die mit der heiligen Dreifaltigkeit chinesischer Gewürze – Ingwer, Knoblauch und Schalotten – aromatisiert ist, und das dann rare bis medium über züngelnder Flamme gebraten wird. Himmlisch! Oder probieren Sie einmal Lammbraten in Joghurt-Marinade mit diesen berauschend duftenden indischen Gewürzen. Lassen Sie den Zauber auf sich wirken und verwandeln Sie eine gegrillte Lammkeule in eine wahre Aroma-Fantasie. Paradiesisch!
Wenn ich Fleisch zubereite, lasse ich mich bei der Auswahl der Gewürze und Kräuter von den Küchen Indiens, Griechenlands, des Mittleren Ostens und Nordafrikas inspirieren. Jede Menge Zitronen und Oregano; Knoblauch und Olivenöl; Kreuzkümmel und Koriander; Minze und Petersilie. Sie haben wenig Zeit? Würzen Sie doch einfaches Hackfleisch mit diesen aromatischen Zutaten. Dann zwischen angefeuchteten Handflächen rollen, und schon entstehen Köfte, Frikadellen oder Rissoles! Die kommen direkt auf den Grill und sind ruck, zuck fertig.
Meine Vorliebe für spanische Zutaten ist keineswegs vorübergehend. Nein, meine Liebe zu Olivenöl, geräuchertem Paprikapulver, Lorbeerblättern, Sherryessig und ganz viel Knoblauch ist von Dauer. Sie passen wunderbar zu Rind, Schwein und Lamm.
Nehmen Sie vom Schwein magere und zarte Stücke. Oder gehen Sie aufs Ganze und grillen Sie ein dickes Stück Schweinebauch oder -schulter, bis es zart und saftig ist. Würzen Sie es mit Chili – die Sorte ist ganz egal, Chili passt immer. Oder verwenden Sie Knoblauch, Zitronengras und Koriander.
Betrachten Sie Ihren Grill als eine Art Backofen. Heizen Sie auf höchster Stufe vor und schließen Sie für den Backofen-Effekt den Grilldeckel. Nun können Sie Ihr Lieblingsstück braten oder sanft garen.
Und vergessen wir nicht die teuren Fleischstücke wie Lendensteaks und Rinderfilets – dazu braucht es lediglich etwas Kräuterbutter oder eine einfache Sauce und das ein oder andere besondere Gewürz. Sie schmecken auch ohne komplizierte Marinade.
Mit unseren heiß geliebten Steaks ist es ganz einfach. Das Fleisch sollte Zimmertemperatur haben, bevor es auf den Grill kommt. Vorher wird es kräftig gewürzt und auf dem Grill sollte es nicht ständig gewendet werden. Und natürlich muss das fertig gebratene Steak immer kurz ruhen.

SCHWEINE-KALBS-FRIKADELLEN

Ergibt 6–8 Portionen

In unserem Tapas-Restaurant bereiten wir von denen hier immer ganze Berge vor. Diese Frikadellen sind aus vielerlei Gründen einfach gut. Zum einen kann man sie im Voraus zubereiten – und das kommt auch dem Geschmack zugute. Sie können wie in diesem Gericht pur ohne Beilage gegessen werden. Oder man serviert sie in einer schlichten Tomatensauce mit etwas Brot.

ZUTATEN

500 g Bio-Schweinehackfleisch
500 g Bio-Kalbshackfleisch
60 g frische Semmelbrösel
1 rote Zwiebel, geschält und fein gerieben
1 Knoblauchzehe, geschält und zerdrückt
1 TL Zimt
1 TL gemahlener Kreuzkümmel
½ TL Chiliflocken
1 TL getrockneter Oregano
2 TL geräuchertes Paprikapulver
1 Ei
Olivenöl für den Grill

ZUBEREITUNG

In einer Schüssel alle Zutaten außer dem Olivenöl mit den Händen gründlich vermischen. Immer wieder eine Handvoll der Mischung aufnehmen und zurück in die Schüssel oder auf eine saubere Arbeitsfläche werfen. So wird das Fleisch geschmeidiger und die Luft kann entweichen. Aus der Hackfleisch-Mischung mit feuchten Händen golfballgroße Frikadellen formen und diese leicht flach drücken.
Die Hotplate oder den Grillrost des Grills auf mittlere Temperatur vorheizen und mit Olivenöl einpinseln. Die Frikadellen 8 Minuten braten, dabei jede Minute wenden und vorsichtig mit einem Küchenspatel andrücken. Die Frikadellen sind fertig, wenn sie goldbraun sind und aromatisch duften.

LAMM MIT OLIVEN-SALSA

Ergibt 6 Portionen

Lammstücke vom jungen Tier sind perfekt für die schnelle Zubereitung – Rücken, Filet, Lendenkotelett, Schnitzel oder Medaillon. Doch meistens denken wir bei Lamm sofort an die Lammkeule. Lassen Sie Haut und Fett am Fleisch, dann kann es nicht so leicht verbrennen.

ZUBEREITUNG

Am dickeren Ende der Keule mit einem spitzen Messer einige tiefe Schnitte anbringen. So kann das Fleisch später gleichmäßiger garen. Das Lammfleisch mit Wein, Zitronensaft, Olivenöl, Rosmarin und Knoblauch in eine große Auflaufform geben. Für 2–3 Stunden beiseitestellen oder für 1 Tag abgedeckt kalt stellen. Dabei zwischendurch immer wieder wenden.

Für die Salsa alle Zutaten in einem Standmixer zu einer sämigen Paste verarbeiten. Beiseitestellen.

Das Lammfleisch 1 Stunde vor der weiteren Zubereitung aus dem Kühlschrank nehmen.

Die Hotplate und den Grillrost des Grills auf hohe Temperatur vorheizen und für den Backofen-Effekt den Grilldeckel schließen. Die Hotplate mit einigen Tropfen Olivenöl einfetten. Das Lammfleisch aus der Marinade heben und die Marinade auffangen. Das Fleisch mit der Haut nach unten 8–10 Minuten auf der Hotplate anbraten, bis die Haut gebräunt ist. Dann wenden und weitere 5 Minuten braten. Auf ein v-förmiges Grillgestell legen und mit der Marinade beträufeln. Die Hitze auf mittlere Temperatur reduzieren. Das Gestell auf die Hotplate setzen, den Deckel schließen und 20–25 Minuten garen. Dann das Lammfleisch auf eine große Servierplatte geben, locker mit Alufolie abdecken und 15–20 Minuten ruhen lassen.

In dicke Scheiben schneiden und auf der Servierplatte anrichten. Die Oliven-Salsa darüberlöffeln und den Sizilianischen Gemüsesalat dazu servieren.

ZUTATEN

1 kleine ausgelöste Bio-Lammkeule à 1,6 kg, aufgeschnitten und aufgeklappt
⅛ l trockener Weißwein
3 EL Zitronensaft
3 EL Olivenöl, zusätzlich Olivenöl für den Grill
1 Handvoll Rosmarinstängel
10–12 Knoblauchzehen, geschält und zerdrückt
Sizilianischer Gemüsesalat als Beilage (Rezept S. 188)

OLIVEN-SALSA

175 g entsteinte grüne Oliven
6 kleine Gewürzgurken
2 große Handvoll glatte Petersilie
2 große Handvoll Minze
2 Knoblauchzehen, geschält und gehackt
3 Sardellenfilets
3 EL Zitronensaft
⅛ l Olivenöl

SCHWEINESCHULTER IN WÜRZIGER ESSIG-KNOBLAUCH-MARINADE

Ergibt 6–8 Portionen

Wir glauben immer, wir müssten uns sofort auf das Fleisch stürzen, wenn es vom Grill kommt. Einiges schmeckt wirklich besser, wenn es direkt gegessen wird. Bestimmtes Grillgut hingegen sollte man lieber kurz ruhen lassen, etwa ganze Hähnchen oder dicke Fleischstücke. Genau wie das Fleisch in diesem Gericht, das sowohl kalt als auch warm schmeckt.

ZUTATEN

1,5 kg Bio-Schweineschulter mit Schwarte
⅜ l Rotweinessig
6 Knoblauchzehen, geschält und leicht zerdrückt
2 Lorbeerblätter
2 TL Piment
1 TL Meersalz
1 TL geräuchertes Paprikapulver
1 TL Cayennepfeffer

ZUBEREITUNG

Am Vortag das Schweinefleisch mit der Schwarte nach oben in eine nichtmetallene Schüssel geben. Die restlichen Zutaten in einer Schüssel verrühren und über das Fleisch geben. Abdecken und für 1 Tag in den Kühlschrank stellen, dabei etwa alle 6 Stunden wenden. Am nächsten Tag 1 Stunde vor der weiteren Zubereitung das Fleisch aus der Marinade heben. Die Hotplate und den Grillrost des Grills auf hohe Temperatur vorheizen und für den Backofen-Effekt den Deckel schließen. Das Fleisch mit der Schwarte nach oben auf den Rost legen und diesen auf eine zur Hälfte mit Wasser gefüllte tiefe Fettpfanne setzen. Die Fettpfanne auf die Hotplate stellen. Das Fleisch 30 Minuten bei geschlossenem Grilldeckel garen. Die Temperatur auf die geringste Hitze herunterdrehen und das Fleisch weitere 1¼ Stunden garen. Das Wasser in der Fettpfanne nachfüllen, sollte es verdampft sein. Den Braten auf eine Servierplatte legen, locker mit Folie abdecken und 15–20 Minuten ruhen lassen. Erst dann aufschneiden.

RINDERFILET MIT MEERRETTICHBUTTER

Ergibt 4 Portionen

Dieses Gericht zeigt, wie gut es Fleisch tut, wenn es vor und nach dem Braten bei Zimmertemperatur ruht. Ribeye-Filet muss nicht lange garen. Wenn Sie das Fleisch also direkt aus dem Kühlschrank auf den Grill legen und braten, wird es in der Mitte noch kalt sein, deshalb immer rechtzeitig herausnehmen. Außerdem hat es nicht viel Fett. Wenn es zu lange gart, wird es trocken, und wenn es vor dem Essen nicht ausreichend ruht, bleibt es zäh. Um es kurz zu machen: Dieses Stück Rind hat einen gesunden Respekt verdient.

ZUBEREITUNG

Für die Meerrettichbutter alle Zutaten im Standmixer verarbeiten. Eine Lage Frischhaltefolie auf der Arbeitsfläche auslegen. Mit einem Löffel die Butter in einer Art Wurst auf der Mitte der Folie verteilen. Dann fest in der Folie einwickeln und zu einer 2 Zentimeter dicken Rolle formen. Für 2–3 Stunden in den Kühlschrank legen, damit die Butter fest wird.

Das Rindfleisch mit Salz und Pfeffer einreiben und bei Zimmertemperatur 1–2 Stunden beiseitestellen.

Die Hotplate des Grills auf mittlere Temperatur vorheizen und für den Backofen-Effekt den Grilldeckel schließen. Die Hotplate mit Olivenöl einpinseln. Das Filet auf die Hotplate geben, den Deckel schließen und das Fleisch 5 Minuten grillen. Dann das Rindfleisch um 90 Grad wenden und weitere 5 Minuten garen. Diesen Vorgang noch zweimal wiederholen, bis das Rindfleisch rundherum schön braun ist. Locker in Alufolie wickeln und für 15 Minuten auf den heißen Grilldeckel legen. Herunternehmen und eingewickelt weitere 15 Minuten ruhen lassen. In dicke Scheiben schneiden und mit Scheiben der Meerrettichbutter garniert auf einer Platte servieren. Nach Belieben Pommes frites dazu reichen.

ZUTATEN

750–800 g Ribeye-Filet vom Rind (hohe Rippe)
1 TL Meersalz
1 TL frisch gemahlener schwarzer Pfeffer
Olivenöl für den Grill

MEERRETTICHBUTTER

125 g zimmerwarme ungesalzene Butter
1 EL frisch geriebener Meerrettich
2 TL Worcestershiresauce
1 Knoblauchzehe, geschält und zerdrückt
1 EL fein gehackte Frühlingszwiebel
1 EL kleine, in Salz eingelegte Kapern, gut abgespült und abgetropft
2 Sardellenfilets
2 EL fein gehackte glatte Petersilie

CHINESISCHE LAMM-WRAPS

Ergibt 4 Portionen

Im Norden und Westen Chinas gibt es Lämmer und Weizen im Überfluss, daher dominiert beides die regionale Küche. Bei Kreuzkümmel werden Sie vermutlich nicht unbedingt an chinesische Aromen denken, aber häufig wird dort gegrilltes Lamm serviert, das mit Chili und Kreuzkümmel gewürzt ist. Dazu werden gedämpfte Brötchen und Brot gereicht. Sehr lecker.

ZUTATEN

2 große Bio-Lammrückenfilets à 400 g
2 TL Sesamöl
2 Knoblauchzehen, geschält und fein gehackt
2 TL Chiliflocken
2 TL gemahlener Kreuzkümmel
3 EL chinesische Grillsauce (Char Siu), zusätzlich Sauce zum Servieren
4 weiche Tortillas oder Burritos
4 Frühlingszwiebeln, geputzt und schräg in breite Ringe geschnitten
2 kleine Gurken, längs halbiert und in Scheiben geschnitten

ZUBEREITUNG

Das Lammfleisch mit Sesamöl, Knoblauch, Chili und Kreuzkümmel in eine Schüssel geben. Das Fleisch in der Marinade wenden, bis es vollständig damit überzogen ist. Abdecken und bei Zimmertemperatur einige Stunden beiseitestellen oder für 3–6 Stunden in den Kühlschrank stellen. 30 Minuten vor der weiteren Zubereitung wieder herausnehmen.

Die Hotplate des Grills auf hohe Temperatur vorheizen. Das Lammfleisch auf die Hotplate legen und 2 Minuten grillen. Wenden und weitere 2 Minuten grillen. Dann mit der chinesischen Grillsauce einpinseln und erneut wenden. Nochmals 4–5 Minuten grillen, dabei immer wieder mit der restlichen Char Siu einpinseln und wenden. Das Lammfleisch auf ein Schneidebrett heben, locker mit Alufolie abdecken und 5 Minuten ruhen lassen.

Dann in Scheiben schneiden. In die Mitte der Tortillas etwas Char Siu geben. Mit Lammscheiben, Frühlingszwiebeln und Gurke belegen, aufrollen und direkt servieren.

INDISCHE LAMMSTEAKS

Ergibt 4 Portionen

Je nachdem, wie Ihr Metzger den Knochen auslöst oder wie die Keule im Supermarkt angeboten wird, hoffe ich, dass Sie vier etwa gleich große „Steaks" aus der Keule schneiden können. Falls nicht, machen Sie sich keinen Stress. Wenn die Keule an einigen Stellen etwas dünner ist, schneiden Sie einfach kleinere Portionen zu.

ZUTATEN

1 kleine ausgelöste Bio-Lammkeule à 1 kg
2 TL gemahlener Kreuzkümmel
1 TL gemahlene Kurkuma
2 TL Meersalz
70 g Naturjoghurt
2 Zwiebeln, geschält und gehackt
1 Handvoll Korianderblätter und -stängel
2 EL fein geriebener Ingwer
2 Knoblauchzehen, geschält und gehackt
1 TL Garam Masala

ZUBEREITUNG

Aus der Keule 4 etwa 2 Zentimeter dicke Steaks zuschneiden und diese mit Kreuzkümmel, Kurkuma und Meersalz in eine Schüssel geben. Das Lamm gut in den Gewürzen wenden, sodass es gleichmäßig davon bedeckt ist.

Joghurt, Zwiebeln, Koriander, Ingwer und Knoblauch im Standmixer zu einer Paste verarbeiten. Auf dem Lammfleisch verteilen und gut mischen. Abdecken und bei Zimmertemperatur 2–3 Stunden beiseitestellen oder für 6 Stunden oder über Nacht in den Kühlschrank stellen.

Die Steaks 1 Stunde vor der weiteren Zubereitung aus dem Kühlschrank nehmen.

Den Grillrost des Grills auf mittlere Temperatur vorheizen. Die Steaks von jeder Seite 5 Minuten grillen. Mit Garam Masala bestreuen. Die Steaks zügig wenden, jeweils einige weitere Sekunden von jeder Seite braten, damit die Gewürze garen und ihr wunderbares Aroma abgeben können.

KALBSSCHNITZEL UND AUBERGINE MIT ZITRONENDRESSING

Ergibt 4 Portionen

Dieses Gericht ist einfach perfekt für einen ungezwungenen Grillabend im Garten. Sie müssen nicht lange vor dem Grill stehen, sondern haben genug Zeit, sich um Ihre Gäste zu kümmern.

ZUTATEN

4 Bio-Kalbsschnitzel à 150 g
1 TL Meersalz
½ TL Chiliflocken
2 EL Olivenöl und Öl zum Bepinseln
frisch gemahlener schwarzer Pfeffer
1 Aubergine, geputzt und in
1 cm dicke Scheiben geschnitten
1 Handvoll Petersilie, grob gehackt

ZITRONENDRESSING

1 TL Dijon-Senf
½ TL Meersalz
1 EL Zitronensaft
3 EL Olivenöl

ZUBEREITUNG

Für das Zitronendressing Senf, Salz und Zitronensaft in einer kleinen Schüssel verquirlen. Unter Rühren das Olivenöl nach und nach tröpfchenweise zugeben, bis eine dickliche Sauce entstanden ist.

Das Kalbfleisch mit Meersalz, Chiliflocken, Olivenöl und Pfeffer in eine Schüssel geben und gründlich darin wenden, sodass es vollständig von der Mischung überzogen ist. Bei Zimmertemperatur 1–2 Stunden beiseitestellen.

Den Grillrost des Grills auf hohe Temperatur vorheizen. Die Auberginenscheiben von beiden Seiten mit etwas Olivenöl einpinseln und auf dem Grill jeweils 3–4 Minuten von jeder Seite garen. Die Aubergine sollte dann weich und leicht angeschmort sein.

Die Hotplate des Grills auf hohe Temperatur vorheizen. Die Kalbsschnitzel von beiden Seiten jeweils nur 30 Sekunden braten. Zum Schluss die Fleisch- und Auberginenscheiben zusammen auf einer Platte anrichten und mit dem Dressing beträufeln. Mit Petersilie garnieren.

SCHWEINENACKEN À LA HAGEN

Ergibt 8 Portionen

Ich war ein bisschen neidisch, als mein Freund Hagen dieses Gericht zubereitete. Anfangs sah es aus, als würde alles schieflaufen. Das riesige Fleischstück würde ganz bestimmt verbrennen, bevor es vollständig durchgegart war. Aber was für eine Überraschung: Es war auf den Punkt gar und schmeckte absolut köstlich. Hagen, ich danke dir für die Inspiration!

ZUBEREITUNG

Das Schweinefleisch in eine flache Auflaufform legen. Die übrigen Zutaten im Standmixer zu einer glatten Sauce verarbeiten und das Schweinefleisch gründlich damit einreiben. Bei Zimmertemperatur 2–3 Stunden beiseitestellen oder über Nacht in den Kühlschank stellen. Gut 2 Stunden vor der weiteren Zubereitung aus dem Kühlschrank nehmen.

Die Hotplate des Grills auf mittlere Temperatur vorheizen und mit etwas Pflanzenöl einpinseln. Dann das Schweinefleisch auflegen und 8–10 Minuten garen, zwischendurch immer wieder wenden, damit es von allen Seiten schön bräunt.

Das Fleisch auf ein v-förmiges Grillgestell setzen, das Gestell auf die Hotplate stellen und den Grilldeckel schließen. Etwa 1 Stunde garen. Das Fleisch vor dem Aufschneiden 20–30 Minuten ruhen lassen.

ZUTATEN

2 kg Bio-Schweinenacken, in der Mitte aufgeschnitten und aufgeklappt (3–4 cm dick)
1 Bund Koriander, Blätter und Stängel fein gehackt
1 Knoblauchknolle, Zehen geschält
12 große rote Chilischoten, entkernt und gehackt
1 TL Meersalz
3 EL Honig
3 EL dunkle Sojasauce
3 EL schwarzer Reisessig (Asialaden)
Pflanzenöl für den Grill

CURRY-LAMM

Ergibt 6–8 Portionen

Die Zutatenliste zu diesem Gericht ist vielleicht die längste im ganzen Buch und auch unter meinen sonstigen Rezepten. Das lässt sich manchmal nicht vermeiden, möchte man ein authentisches indisches Gericht kochen. Curry ist eigentlich eine Mischung von Gewürzen. Falls Sie in Ihrem Vorrat ein fertiges Currypulver oder eine Currypaste haben, schauen Sie sich die Zutatenliste an, und Sie werden verstehen, was ich meine. Mit einem selbst gemachten Currypulver können Sie jedoch ein weitaus schmackhafteres, schärferes und aromatischeres Curry zubereiten.

ZUTATEN

1 ausgelöste Bio-Lammkeule à 1,5 kg, aufgeschnitten und aufgeklappt
3 EL Zitronensaft
2 EL Olivenöl
½ TL Chilipulver
2 EL Meersalz
Granatapfelkerne (nach Belieben)

GEWÜRZPASTE

1 TL Safranfäden
1 Zwiebel, geschält und gehackt
2 Knoblauchzehen, geschält und gehackt
1 EL fein geriebener Ingwer
2 TL schwarze Senfsamen
2 Nelken
4 Kardamomkapseln
1 TL Koriandersamen
1 TL Kreuzkümmelsamen
1 TL Fenchelsamen
130 g Naturjoghurt
2 EL Granatapfel-Melasse

ZUBEREITUNG

Das Lammfleisch in eine große flache Auflaufform legen. Zitronensaft, Olivenöl, Chilipulver und Meersalz verrühren und darübergeben. Abgedeckt 1 Stunde marinieren lassen. Nicht in den Kühlschrank stellen.

Für die Gewürzpaste den Safran 10 Minuten in einer Schüssel mit 60 Milliliter kochendem Wasser einweichen, bis das Wasser leuchtend gelb ist. Die übrigen Zutaten im Standmixer mit dem Safranwasser kurz mischen, mit einem Spatel vom Rand schaben und noch einmal mixen. Das Lammfleisch in der Paste wenden, bis es vollständig bedeckt ist. Abdecken und 2–3 Stunden bei Zimmertemperatur oder über Nacht im Kühlschrank marinieren lassen. Das Lammfleisch 1 Stunde vor der weiteren Verwendung aus dem Kühlschrank nehmen.

Die Hotplate und den Grillrost des Grills auf hohe Temperatur vorheizen und für den Backofen-Effekt den Grilldeckel schließen.

Das Lammfleisch auf ein v-förmiges Grillgestell legen, dieses auf die Hotplate setzen und den Deckel schließen. 20 Minuten garen. Die Hitze auf mittlere Temperatur reduzieren und weitere 20 Minuten garen.

Das Curry-Lamm auf eine große Servierplatte heben, locker mit Alufolie abdecken und vor dem Aufschneiden 20 Minuten ruhen lassen. Nach Belieben mit Granatapfelkernen bestreuen.

SCHWEINESPIESSE MIT ZITRONENGRAS, PFEFFER UND KORIANDER

Ergibt 4 Portionen

In Vietnam sowie in vielen Küchen Südostasiens wird Schweinefleisch häufig süß, salzig und sauer angerichtet. In diesem Rezept werden die süßlichen Röstaromen des Schweinehacks ergänzt durch duftendes Zitronengras.

ZUTATEN

500 g Bio-Schweinehackfleisch
2 Stängel Zitronengras, nur weiße Abschnitte, fein gehackt
1 TL feiner Zucker
1 EL Fischsauce (Asialaden)
2 EL fein gehackte Korianderwurzel
1 TL frisch gemahlener schwarzer Pfeffer
8 Stängel Zitronengras, jeweils 15 cm lang
Pflanzenöl zum Bepinseln
Salatblätter

NUOC-CHAM-SAUCE

4 kleine rote Chilischoten, entkernt und fein gehackt
2 Knoblauchzehen, geschält und fein gehackt
2 EL Zucker
1 TL Reisessig
⅛ l Fischsauce (Asialaden)

ZUBEREITUNG

Für die Nuoc-Cham-Sauce alle Zutaten in einer Schüssel verrühren und beiseitestellen.

Das Schweinefleisch mit gehacktem Zitronengras, Zucker, Fischsauce, Koriander und Pfeffer in der Küchenmaschine zu einer groben Masse verarbeiten und in eine Schüssel geben. Das Hackfleisch aufnehmen und zurück in die Schüssel oder auf eine saubere Arbeitsfläche werfen, damit die überschüssige Luft entweichen kann.

Die Masse in 8 gleich große Portionen teilen. Mit feuchten Händen jeweils ein Bällchen am Ende eines Zitronengrasstängels formen. Mit den übrigen Zitronengrasstängeln und dem restlichen Hackfleisch ebenso verfahren. Die Hackfleischmasse kann bis zu diesem Schritt bereits am Vortag zubereitet werden.

Den Grillrost des Grills auf hohe Temperatur vorheizen. Die Fleischbällchen mit Öl einpinseln und auf dem Grill 8–10 Minuten grillen, dabei jede Minute wenden, bis sie goldbraun und gut durchgegart sind.

Auf Salatblättern anrichten und mit Nuoc-Cham-Sauce beträufeln.

KALBS-KÄSE-INVOLTINI

Ergibt 4 Portionen

Stellen Sie sich Involtini als längliche Röllchen oder Rouladen vor. Provolone ist ein sehr schmackhafter italienischer Hartkäse, der wunderbar schmilzt. Zusammen mit der Pancetta harmoniert er fantastisch mit dem mild gewürzten, zarten Kalbfleisch.

ZUTATEN

400 g Bio-Kalbsrückenfilet
1 Ei, leicht verquirlt
1 EL fein gehackte glatte Petersilie
1 EL fein gehackter Rosmarin
4 Scheiben Pancetta (Bauchspeck)
75 g Provolone, in feine Scheiben geschnitten
2 EL Olivenöl
Salz und frisch gemahlener schwarzer Pfeffer

ZUBEREITUNG

Das Kalbfleisch in 4 gleich große Portionen schneiden. Die Scheiben zwischen 2 Lagen Frischhaltefolie oder Backpapier legen und sanft flach klopfen.

Ei, Petersilie und Rosmarin in einer Schüssel verrühren und die Oberseite jeder Fleischscheibe damit einpinseln. Auf jedes Fleischstück 1 Scheibe Provolone und 1 Scheibe Pancetta legen.

Das Kalbfleisch fest aufrollen, Pancetta nach außen, und mit Küchengarn fixieren. Die Kalbfleischröllchen in eine Schale legen und kräftig mit Olivenöl einreiben. Mit Salz und Pfeffer würzen und für 30 Minuten beiseitestellen.

Den Grillrost des Grills auf hohe Temperatur vorheizen. Die Fleischröllchen 8 Minuten braten, dabei jeweils nach 2 Minuten wenden, bis sie rundum schön braun sind. Vom Grill nehmen und 5 Minuten ruhen lassen. Vor dem Servieren jedes Röllchen in 3–4 Stücke schneiden und nach Belieben mit einem einfachen Rucola-Parmesan-Salat anrichten.

LENDENSTEAKS MIT CHIMICHURRI-BUTTER

Ergibt 4 Portionen

Rinderlendensteaks sind am besten dick zugeschnitten, mit einer dünnen Fettschicht an einer Seite. Lenden- und Rumpsteak sind meine Lieblingsstücke vom Rind und die Butter in diesem Gericht passt auch gut zu letzteren. Chimichurri-Sauce hat ihren Ursprung in Südamerika, wahrscheinlich in Argentinien. Mit den vielen Kräutern und dem feinen Essiggeschmack kann sie wirklich süchtig machen.

ZUBEREITUNG

Für die Chimichurri-Butter die Zutaten im Standmixer gut vermischen. Eine Lage Frischhaltefolie auf die Arbeitsfläche legen, die Butter in einer Art Wurst auf der Mitte verteilen und zu einer festen Rolle einschlagen. Etwa 2–3 Stunden im Kühlschrank fest werden lassen.

Die Steaks 1–2 Stunden vor der Zubereitung aus dem Kühlschrank nehmen. Mit Olivenöl einpinseln, die Oberseite mit etwas Meersalz würzen und die Steaks dann 5–10 Minuten ruhen lassen.

Die Hotplate und den Grillrost des Grills auf mittlere bis hohe Temperatur vorheizen. Die Steaks mit der gewürzten Seite auf den Grill legen und die andere Seite ebenfalls mit Meersalz würzen. 4 Minuten grillen, wenden und nochmals 3 Minuten grillen. Die Steaks vom Grill nehmen, mit Alufolie abdecken und 5 Minuten ruhen lassen.

Die Butter in Scheiben schneiden und auf den heißen Steaks anrichten. Nach Belieben mit gegrillten Maiskolben servieren.

ZUTATEN

4 Bio-Lendensteaks vom Rind
Olivenöl
Meersalz

CHIMICHURRI-BUTTER

1 Handvoll Korianderblätter
1 Handvoll glatte Petersilie
½ TL getrockneter griechischer Oregano
2 Knoblauchzehen, geschält und zerdrückt
2 EL Rotweinessig
125 g zimmerwarme Butter

GRILLWÜRSTCHEN MIT FENCHEL

Ergibt 4–6 Portionen

Dies sind keine Würstchen im eigentlichen Sinn, denn sie haben keine Haut. Aber sie haben die Form von Würstchen und schmecken ebenso gut. Die Mischung aus Schweinefleisch, Fenchel und Chiliflocken hat eine sehr süditalienische Note. Dort werden die Würstchen als große aufgerollte Spirale auf dem Grill gebraten.

ZUTATEN

1 kg Hackfleisch vom Bio-Schweinenacken
1 TL Chiliflocken
1 EL Reismehl
1 EL Fenchelsamen
1 TL Meersalz
8 Knoblauchzehen, geschält und zerdrückt
3 EL fein gehackte glatte Petersilie, zusätzlich Petersilie zum Garnieren
25 g Pecorino, fein gerieben
Olivenöl für den Grill
geschmorte Zitronenspalten

ZUBEREITUNG

Mit den Händen alle Zutaten außer Olivenöl und Zitronenspalten in einer Schüssel gut vermengen.
Die Mischung aufnehmen und ein paarmal kräftig zurück in die Schüssel oder auf eine saubere Arbeitsfläche werfen, damit die überschüssige Luft entweichen kann.
Mit angefeuchteten Händen kleine, etwa 10 Zentimeter lange Würstchen aus der Masse formen.
Die Hotplate des Grills auf hohe Temperatur vorheizen und leicht mit Olivenöl einfetten. Die Würstchen von beiden Seiten jeweils 4–5 Minuten grillen, bis sie braun und vollständig durchgegart sind. Mit Petersilie bestreuen und die Zitronenspalten dazu servieren.

RINDERBRATEN MIT PAPRIKA-MAYONNAISE

Ergibt 6 Portionen

Dieses Rezept stammt noch aus meiner Zeit als Caterer. Den Rinderbraten konnte man im Voraus zubereiten, braten und kurz ruhen lassen, bevor er in Scheiben geschnitten serviert wurde. Der Kochschinken, der um das Fleisch gewickelt wird, ist kross angebraten und gibt sein Aroma an das zarte Rindfleisch ab.

ZUBEREITUNG

Das Rindfleisch von Fett und Sehnen befreien. Den Knoblauch in feine Scheiben schneiden. Das Fleisch in gleichmäßigen Abständen einschneiden, die Knoblauchscheiben in die Einschnitte stecken. Den Braten in eine Schüssel legen und mit Sherry übergießen. Bei Zimmertemperatur 2 Stunden durchziehen lassen oder abgedeckt für einige Stunden kalt stellen.
1–2 Stunden vor der weiteren Zubereitung aus dem Kühlschrank nehmen.
Die Kochschinkenscheiben dicht nebeneinander auf die Arbeitsfläche legen. Rindfleisch aus dem Sherry heben, gut abtropfen lassen und auf die Schinkenscheiben legen. Lorbeerblätter auf dem Fleisch verteilen. Das Rindfleisch und die Lorbeerblätter in den Schinken einwickeln und mit Küchengarn fixieren.
Für die Paprika-Mayonnaise alle Zutaten in einer kleinen Schüssel verrühren und beiseitestellen.
Die Hotplate des Grills auf mittlere Temperatur vorheizen. Das Rindfleisch auflegen, den Deckel schließen und den Braten 20 Minuten garen, dabei alle 5 Minuten wenden. Den Grill ausstellen, das Rindfleisch in Alufolie wickeln und 10 Minuten auf den noch heißen Grilldeckel legen. Herunternehmen und weitere 10 Minuten in Folie eingewickelt ruhen lassen. In dicke Scheiben schneiden, die Lorbeerblätter entfernen und mit der Paprika-Mayonnaise servieren.

ZUTATEN

1,5 kg Bio-Rinderbraten
8 Knoblauchzehen, geschält
½ l Sherry
200 g Kochschinken, in 10–12 dünne Scheiben geschnitten
8 frische Lorbeerblätter
1 EL Olivenöl

PAPRIKA-MAYONNAISE

185 ml Mayonnaise bester Qualität
1 Knoblauchzehe, geschält und zerdrückt
½ TL Paprikapulver
2 TL Zitronensaft

HIRSCHFILET MIT JOHANNISBEER-SAUERRAHM-CREME

Ergibt 4 Portionen

Zu Weihnachten entscheidet sich meine Familie immer für ein klassisches Menü, trotz der Hitze des australischen Sommers. Ich variiere jedoch gerne und habe in diesem Gericht meine perfekte Balance zwischen traditioneller und moderner Küche gefunden.

ZUTATEN

600 ml Rotwein, vorzugsweise australischer Shiraz, reduziert auf 580 ml
150 ml Rotweinessig, reduziert auf ⅛ l
1 Lorbeerblatt
1 Zwiebel, geschält und halbiert
1 Möhre, geschält und klein gewürfelt
2 Knoblauchzehen, geschält und leicht angedrückt
1 kg küchenfertiges Hirschfilet
2 EL frisch gemahlener schwarzer Pfeffer
Olivenöl für den Grill
Meersalz
160 g Johannisbeergelee
125 g saure Sahne oder Sauerrahm
1 Handvoll Kerbel

ZUBEREITUNG

Bereits am Vortag Rotwein, Essig, Lorbeerblatt, Zwiebel, Möhre und Knoblauch in eine große nichtmetallene Schüssel oder Schale geben. Das Hirschfleisch hineinlegen. Es sollte vollständig von der Marinade bedeckt sein. Für mindestens 24 Stunden in den Kühlschrank stellen.

Am nächsten Tag das Hirschfleisch aus der Marinade heben, gut abtropfen lassen und rundherum mit Pfeffer einreiben. Vor der weiteren Zubereitung bei Zimmertemperatur 1–2 Stunden stehen lassen.

Die Hotplate des Grills auf hohe Temperatur vorheizen und mit wenig Olivenöl einpinseln. Das Filet auf die Hotplate legen und mit Meersalz würzen. Den Deckel schließen und das Fleisch 20 Minuten garen, dabei alle 5 Minuten wenden. Dann das Filet in Alufolie wickeln und den Grill ausstellen. Das eingewickelte Fleisch auf den noch heißen Grilldeckel legen und 10 Minuten ruhen lassen. Herunternehmen und nochmals 10 Minuten ruhen lassen.

Kurz vor dem Servieren Johannisbeergelee und Sauerrahm verrühren. Das Fleisch in dicke Scheiben schneiden und mit der Johannisbeer-Sauerrahm-Creme anrichten. Mit etwas Kerbel bestreuen.

CHORIZO MIT CIDRE-ESSIG

Ergibt 4 Portionen

Genießen Sie das kleine Tapa-Gericht mit leckerem Brot und einem Salat aus knackigem Blattsalat, Tomaten, roten Zwiebeln und spanischen Oliven. Die Menge können Sie beliebig erhöhen und die Chorizo portionsweise grillen, wenn Ihre Mannschaft nach mehr verlangt.

ZUTATEN

500 g geräucherte Chorizo
1 EL Olivenöl
3 EL Cidre-Essig
1 Handvoll Koriander, fein gehackt (nach Belieben)
Zitronenspalten (nach Belieben)
Baguette in Scheiben

ZUBEREITUNG

Die geräucherte Chorizo schräg in feine Scheiben schneiden und die Scheiben in einer Schüssel mit dem Olivenöl mischen.

Die Hotplate des Grills auf hohe Temperatur vorheizen. Die Wurstscheiben auf der Hotplate verteilen, 2–3 Minuten garen, wenden und einige Minuten weitergaren, bis sie knusprig werden. Den Essig über die Chorizo gießen. Wenn sie anfängt zu brutzeln, zügig auf der Hotplate hin und her wenden.

Die Chorizo auf eine Servierplatte geben und mit Koriander bestreuen. Mit Zitronenspalten und Baguettescheiben anrichten.

LAMMRÜCKEN MIT KRÄUTERN UND PISTAZIEN

Ergibt 4 Portionen

Marinaden für Lammfleisch vertragen gut einen Schuss Essig oder etwas Senf, ohne dass diese den Geschmack zu stark dominieren. In diesem Gericht wird wunderbar würzige Granatapfel-Melasse verwendet, die ursprünglich aus dem Mittleren Osten stammt.

ZUTATEN

2 Lammrückenfilets à 260 g
2 EL fein gehackte glatte Petersilie
1 EL Schnittlauchröllchen
1 TL fein gehackter Thymian
2 Schalotten, geschält und fein geschnitten
2 Knoblauchzehen, geschält und fein gehackt
3 EL Rotweinessig
1 EL Dijon-Senf
3 EL Olivenöl, zusätzlich Öl für den Grill
Meersalz
2 EL grob gehackte Pistazien
1 EL Granatapfel-Melasse (Asialaden)
knuspriges Brot

ZUBEREITUNG

Das Lammfleisch in eine Auflaufform legen. Petersilie, Schnittlauch, Thymian, Schalotten, Knoblauch, Essig, Senf und Olivenöl im Standmixer zu einer groben Paste verarbeiten. Die Mischung auf dem Lammfleisch verteilen und das Fleisch in der Form hin und her rollen, damit es vollständig von der Mischung überzogen ist. Abdecken und für 3–6 Stunden in den Kühlschrank stellen.

Das Lammfleisch 1 Stunde vor der weiteren Verwendung aus dem Kühlschrank nehmen.

Die Hotplate des Grills auf hohe Temperatur vorheizen und leicht mit Olivenöl einfetten. Das Lammfleisch auflegen und mit der restlichen Marinade übergießen. Mit Meersalz bestreuen. Von beiden Seiten jeweils 3 Minuten garen. Vom Grill nehmen, mit Alufolie abdecken und 5 Minuten ruhen lassen. Das Lammfleisch in dicke Scheiben schneiden und auf einer Servierplatte anrichten. Mit Pistazien bestreuen und mit der Granatapfel-Melasse beträufeln. Dazu knuspriges Brot servieren.

SPANISCHES RUMPSTEAK

Ergibt 4 Portionen

Dieser Rezeptname ist sehr großzügig gefasst, schließlich ist Spanien groß und die spanische Küche verwendet viele verschiedene Gewürze. Ich liebe vor allem geräuchertes Paprikapulver und Sherry, zwei verlässliche Größen der spanischen Küche. Sie sind intensiv im Geschmack und ziemlich einzigartig.

ZUTATEN

4 Bio-Rumpsteaks à 200 g (1,5 cm dick)
6 Knoblauchzehen, geschält und fein gehackt
2 Lorbeerblätter
¼ l trockener Sherry
2 EL Olivenöl

ZUBEREITUNG

Die Steaks in eine flache Auflaufform legen. Knoblauch, Lorbeerblätter, Sherry und Olivenöl verrühren und über die Steaks gießen. Die Steaks einige Male in der Marinade wenden, bis sie vollständig damit bedeckt sind. Abdecken und für mindestens 6 Stunden in den Kühlschrank stellen. Zwischendurch immer wieder wenden.

Die Steaks 1 Stunde vor der weiteren Zubereitung aus dem Kühlschrank nehmen. Die Hotplate des Grills auf hohe Temperatur vorheizen. Die Steaks auf die sehr heiße Hotplate legen und 3 Minuten braten, dann wenden und weitere 3 Minuten braten. Vor dem Servieren 5 Minuten ruhen lassen.

BRUNCH CROQUES

Ergibt 4 Portionen

Ein original französischer Croque Monsieur (oder auch ein Croque Madame) gehört zu jedem Brunch dazu. Ja, man kann ihn mit Béchamelsauce zubereiten, aber wozu die Mühe? Traditionell ist ein Croque Monsieur ein getoastetes Schinken-Käse-Sandwich, das früher die französischen Landarbeiter aßen. Ich würde vorschlagen, Sie nehmen den besten Schinken, den Sie bekommen können, und entscheiden sich für einen guten Gruyère – für das köstlichste Katerfrühstück, das Sie je essen werden.

ZUBEREITUNG

Das Brot auf der Arbeitsfläche auslegen und mit der Hälfte der Butter die Oberseite jeder Brotscheibe bestreichen.

4 Scheiben umdrehen und die andere Seite mit Senf bestreichen. Mit jeweils 1 Scheibe Schinken belegen und den Käse auf den Schinkenscheiben verteilen. Nun jeweils 1 Scheibe des restlichen Brots, mit der gebutterten Seite nach unten, auflegen. Mit der restlichen Butter die Oberseiten bestreichen.

Die Hotplate des Grills auf mittlere Temperatur vorheizen. Das rundum gebutterte Sandwich darauflegen und in 2–3 Minuten goldbraun backen. Wenden und weitere 2–3 Minuten backen. Die Sandwiches auf eine Seite der Hotplate schieben, damit sie warm bleiben, während die Eier gebraten werden.

Die Hotplate leicht mit Olivenöl einpinseln. Die Eier braten, bis das Eiweiß gerade beginnt zu stocken. Jeweils 1 Spiegelei auf jedem Sandwich anrichten und vor dem Servieren mit etwas Olivenöl beträufeln.

ZUTATEN

8 Scheiben Weißbrot, jeweils 1,5 cm dick
100 g zimmerwarme Butter
1 EL Dijon-Senf
4 Scheiben Kochschinken, ebenfalls 1,5 cm dick
200 g Gruyère, in dünne Scheiben geschnitten
1 EL Olivenöl
4 Eier
einige Tropfen Olivenöl bester Qualität

WILLOW
AUSTRALIA

PAPRIKA-SCHWEINERIPPCHEN

Ergibt 4 Portionen

Unter Rippchen versteht man in jedem Land etwas anderes. Während die Amerikaner darunter lange Knochen mit wenig Fleisch dazwischen verstehen, werden anderswo die Knochen durchtrennt und mit dicken Fleischstücken daran zubereitet. Diese Art von Rippchen ist auch bei den Briten beliebt. In Australien werden Rippchen kürzer zugeschnitten, man lässt noch Bauchfleisch und manchmal sogar Bauchspeck dran.

ZUBEREITUNG

Am Vortag die Rippchen in einen großen Topf legen. Mit kaltem Wasser auffüllen und aufkochen. Die Hitze reduzieren und 45 Minuten köcheln lassen. Die Rippchen herausnehmen, gut abtropfen lassen und in eine flache Auflaufform legen. Sherry, Paprika, Kreuzkümmel, Oregano und Knoblauch in einer Schüssel verrühren und über die Rippchen geben. Das Fleisch gründlich darin wenden, bis es vollständig von der Marinade überzogen ist. Abdecken und über Nacht in den Kühlschrank stellen.

Am nächsten Tag die Rippchen 1 Stunde vor der weiteren Zubereitung aus dem Kühlschrank nehmen.

Die Hotplate des Grills auf mittlere Temperatur vorheizen und mit wenig Olivenöl einpinseln. Die Marinade von den Rippchen abtropfen lassen, mit 2 Esslöffeln Olivenöl verrühren und beiseitestellen.

Die Rippchen auf die Hotplate legen und 5 Minuten grillen, dann wenden und weitere 5 Minuten grillen. Mit der beiseitegestellten Marinade einpinseln, wenden und 3–4 Minuten grillen. Diesen Vorgang von Einpinseln und Wenden 15–20 Minuten lang wiederholen, bis die Spareribs dunkel gegrillt sind und das Fleisch schön weich ist. Eventuell die Temperatur reduzieren, falls die Rippchen anzubrennen drohen.

Mit Zitronenspalten servieren.

ZUTATEN

1,25 kg Bio-Spareribs vom Schwein
⅛ l Sherry-Essig
2 TL geräuchertes Paprikapulver
3 TL gemahlener Kreuzkümmel
2 TL getrockneter Oregano
4 Knoblauchzehen, geschält und zerdrückt
2 EL Olivenöl, zusätzlich Öl zum Grillen
Zitronenspalten

RINDERBRATEN MIT WURZEL-GEMÜSE UND KNOBLAUCHCREME

Ergibt 4 Portionen

Eine tolle Idee für kühlere Tage. Im Sommer können Sie den Braten kalt, in dünne Scheiben geschnitten, servieren. Dazu Tomaten aus dem Garten, Rucola und Oliven.

ZUTATEN

1 TL Meersalz, zusätzliches Meersalz für das Wurzelgemüse
2 TL getrockneter griechischer Oregano
2 TL Ras-el-Hanout (marokkanische Gewürzmischung)
3 EL Olivenöl
1 Bio-Rinderlendenbraten à 1,25 kg
1 mittelgroße Süßkartoffel, in 10 x 1 cm große Streifen geschnitten
2 rote Zwiebeln mit Schale, halbiert
2 Pastinaken, geschält und halbiert
frisch gemahlener schwarzer Pfeffer

KNOBLAUCHCREME

1 Knoblauchknolle
1 EL Dijon-Senf
½ TL Meersalz
¼ TL frisch gemahlener weißer Pfeffer
3 Eigelb
¼ l Reiskeimöl

ZUBEREITUNG

Salz, Oregano und jeweils die Hälfte des Ras-el-Hanout und des Olivenöls in einer nichtmetallenen Schüssel mischen und auf dem Fleisch verteilen. Für 2–3 Stunden bei Zimmertemperatur durchziehen lassen oder über Nacht kalt stellen. 2 Stunden vor dem Grillen aus dem Kühlschrank nehmen. Die Hotplate des Grills auf mittlere Temperatur vorheizen.
Für die Knoblauchcreme die Knolle in Alufolie wickeln und auf der Hotplate bei geschlossenem Deckel in 15–20 Minuten weich dünsten. Abkühlen lassen. Die Knolle quer halbieren, das Innere herausdrücken und mit Senf, Salz, Pfeffer und Eigelben im Standmixer pürieren. Dabei nach und nach das Reiskeimöl zugießen. In eine Schüssel füllen und beiseitestellen.
Die Hotplate des Grills auf hohe Temperatur und den Grillrost auf mittlere Temperatur vorheizen. Das Rindfleisch mit der Fettseite auf die Hotplate legen und 10 Minuten garen. Dann 3 Minuten rundherum bräunen. Auf mittlere Temperatur reduzieren. Das Fleisch auf ein v-förmiges Grillgestell legen, das auf die Hotplate kommt. Das Gemüse mit dem restlichen Olivenöl und Ras-el-Hanout sowie etwas Meersalz gut mischen. Auf dem Grillrost verteilen und bei geschlossenem Deckel 15–20 Minuten schmoren. Dabei einmal wenden, bis alles goldbraun und weich ist.
Das Fleisch von der Hotplate nehmen, locker mit Alufolie abdecken und 15–20 Minuten ruhen lassen. In Scheiben schneiden und mit dem Gemüse und einem Klecks Knoblauchcreme anrichten.

SCHWEINEBRATEN MIT ÄPFELN

Ergibt 4 Portionen

Ein wenig weihnachtlich ist dieses Gericht natürlich, aber es schmeckt das ganze Jahr hindurch. Es ist einfach wunderbar, zu Weihnachten das große Bratenstück auf den Grill zu legen. Dann hat man in der Küche genug Platz, sich um die übrigen kulinarischen Vorbereitungen zu kümmern.

ZUTATEN

800–1000 g Bio-Schweinelendenbraten mit Schwarte
2 TL Meersalz
1 EL Fenchelsamen
1 TL Kümmelsamen
4 grüne Äpfel

ZUBEREITUNG

In die Schwarte des Bratens mit einem scharfen Messer diagonal tiefe parallele Einschnitte anbringen, dabei bis ins Fleisch schneiden.
Meersalz, Fenchel- und Kümmelsamen im Mörser fein zerstoßen. Das Fleisch mit der Mischung einreiben und bei Zimmertemperatur 1 Stunde ruhen lassen.
Die Hotplate des Grills auf hohe Temperatur vorheizen, für den Backofen-Effekt den Deckel schließen.
Das Schweinefleisch auf ein v-förmiges Grillgestell legen, das auf die Hotplate gestellt wird. Den Deckel schließen und das Fleisch 30 Minuten garen, bis die Haut an den Rändern knusprig wird.
Die Äpfel um das Fleisch herum verteilen. Die Hitze auf mittlere bis geringe Temperatur reduzieren und Fleisch und Äpfel 1 Stunde garen. Dann die Äpfel entfernen.
Damit die Haut richtig knusprig wird, die Hitze auf höchste Stufe drehen, den Deckel schließen und das Schweinefleisch nochmals 10–15 Minuten braten.
Dann sollte die Haut goldbraun und knusprig sein.
Das Schweinefleisch 15–20 Minuten ruhen lassen, dann aufschneiden und mit den Äpfeln servieren.

LAMMKOTELETTS MARRAKESCH

Ergibt 6 Portionen

Die Idee für dieses Gericht kam mir bei einem Imbiss auf dem Basar in Marrakesch. Mein Snack bestand aus dem Wangenfleisch eines Lammkopfs und war mit Kreuzkümmel-Salz gewürzt. Die ganzen Köpfe wurden langsam gegart, bis das Fleisch vom Knochen fiel. Von diesem Anblick abgesehen, war das Gericht köstlich. Ich verwende natürlich keinen Lammkopf, sondern sehr schmackhafte Lendenkoteletts vom Lamm – die sind vielleicht auch etwas einfacher zu bekommen.

ZUTATEN

12 dicke Bio-Lendenkoteletts vom Lamm
3 EL Weißwein
3 EL Zitronensaft
½ TL getrockneter Oregano
Olivenöl für den Grill
Zitronenspalten

KREUZKÜMMEL-SALZ

1 TL gemahlener Kreuzkümmel
1 TL Meersalz

ZUBEREITUNG

Für das Kreuzkümmel-Salz Kreuzkümmel und Salz in einer kleinen Pfanne mischen. Unter ständigem Schwenken die Mischung stark erhitzen, bis sie anfängt zu rauchen und aromatisch duftet. In eine Schüssel geben und abkühlen lassen. In der Gewürzmühle oder im Mörser zu einem feinen Pulver vermahlen. Bis zur weiteren Verwendung beiseitestellen.

Das Lammfleisch mit Wein, Zitronensaft und Oregano in eine große Auflaufform geben und gründlich in der Marinade wenden, bis es vollständig damit überzogen ist. Abdecken und für 3 Stunden oder über Nacht in den Kühlschrank stellen, dabei die Koteletts gelegentlich wenden.

Das Lammfleisch 1 Stunde vor der Zubereitung aus dem Kühlschrank nehmen.

Die Hotplate des Grills auf hohe Temperatur vorheizen und mit etwas Olivenöl einpinseln. Wenn die Hotplate so richtig heiß ist, das Lammfleisch 5 Minuten darauf garen. Wenden und weitere 3 Minuten garen. Die gegarten Koteletts auf einer Servierplatte anrichten und das Kreuzkümmel-Salz zügig darauf verteilen. Locker mit Alufolie abdecken und 5–10 Minuten ruhen lassen. Mit den Zitronenspalten garniert servieren.

LAMMKARREES MIT ROSMARIN-SENF-KRUSTE

Ergibt 4 Portionen

Auch wenn dieses Gericht ein bisschen altmodisch sein mag, köstlich ist es trotzdem. Normalerweise gehören auch Semmelbrösel dazu, aber ich finde, dass die auf dem Grill zu schnell trocken werden. Stattdessen serviere ich einen einfachen grünen Salat und Kartoffeln zum Fleisch.

ZUTATEN

4 EL Dijon-Senf
2 EL fein gehackte Rosmarinnadeln
1 Knoblauchzehe, geschält und zerdrückt
1 TL Meersalz
3 Bio-Lammkarrees mit je 4 Koteletts

ZUBEREITUNG

Die Hotplate und den Grillrost des Grills auf hohe Temperatur vorheizen und für den Backofen-Effekt den Grilldeckel schließen.

Senf, Rosmarin, Knoblauch und Meersalz in einer kleinen Schüssel vermischen und die Oberseite der Lammkarrees mit der Mischung einreiben.

Das Fleisch auf einen Rost legen und diesen auf eine zur Hälfte mit Wasser gefüllte Fettpfanne setzen. Rost und Fettpfanne auf die Hotplate stellen, den Grilldeckel schließen und das Fleisch 20 Minuten garen. Die Senfkruste sollte dann trocken, aber nicht verbrannt aussehen.

Die Lammkarrees vom Grill nehmen, locker mit Alufolie abdecken und vor dem Aufschneiden 10 Minuten ruhen lassen.

LAMM-KEBABS MIT WÜRZIGEM JOGHURT

Ergibt 3 Portionen

Lammfleisch ist zum Grillen einfach ideal. Doch denken Sie daran, dass die Lammkeule, genau wie Oberschale, Unterschale und Hüfte beim Rind, aus ganz unterschiedlichen Muskeln besteht und daher in Textur und Zartheit variiert.

ZUTATEN

1 kleine ausgelöste Lammkeule à 1,25 kg
3 EL Naturjoghurt
1 TL gemahlener Kreuzkümmel
1 TL gemahlene Kurkuma
½ TL Garam Masala
2 TL Meersalz
1 Zwiebel, geschält und gehackt
2 Knoblauchzehen, geschält und gehackt
1 EL fein geriebener Ingwer
1 große Handvoll Korianderblätter, gehackt
Olivenöl zum Bepinseln
Zitronenspalten

ZUBEREITUNG

Das Lammfleisch in etwa 4 Zentimeter lange Stücke schneiden und diese in eine nichtmetallene Schüssel geben.
Die übrigen Zutaten außer Olivenöl und Zitronenspalten im Standmixer zu einer Paste verarbeiten.
Die Paste über das Lammfleisch geben und die Fleischstücke darin wenden, bis sie vollständig damit überzogen sind.
Abdecken und bei Zimmertemperatur 2–4 Stunden ziehen lassen.
Den Grillrost des Grills auf mittlere Temperatur vorheizen. Die Fleischstücke auf 6 Metallspieße stecken und mit Olivenöl einpinseln. Auf dem vorgeheizten Grillrost 10 Minuten braten, dabei alle 2 Minuten wenden. Mit Zitronenspalten und nach Belieben mit einem Tomatensalat servieren.

HACKBÄLLCHEN MIT HARISSA

Ergibt 4 Portionen

Harissa ist eine marokkanische Chili-Gewürzpaste und in vielen Varianten erhältlich. Ich bereite Harissa mit frisch gerösteten großen roten Chilischoten zu. Meist gehört auch Kreuzkümmel, gemahlen oder ganz, hinein. Zusätzlich können Sie gemahlenen Koriander, Minze oder Kümmel zugeben. Bereiten Sie am besten eine größere Menge zu. Sie können sie später in Mayonnaisen, Schmorgerichte und Eintöpfe rühren oder pur auf einem Sandwich genießen. Oder mit Eiern zum Frühstück.

ZUBEREITUNG

Für die Harissa den Rost des Grills auf hohe Temperatur vorheizen. Chilischoten auflegen und 4–5 Minuten rösten. Möglichst oft wenden, damit sie schön schmoren und weich werden. Die Chilischoten beiseitestellen. Sobald sie ausreichend abgekühlt sind, den Stängel herauslösen und die Chilis mit Samen in den Standmixer geben. Knoblauch, Minze und Kümmelsamen zufügen und alles fein mixen. Das Olivenöl zugießen, bis eine grobe Paste entstanden ist. In einen luftdichten Behälter füllen und in den Kühlschrank stellen. Die Harissa hält sich dort einige Wochen.

Für die Hackbällchen das Rindfleisch in einer Schüssel mit Zwiebel, Kümmel und Petersilie mischen. Mit Meersalz und Pfeffer würzen und mit den Händen alle Zutaten gut durchmengen. Für mindestens 2–3 Stunden in den Kühlschrank stellen, damit sich das Aroma entwickeln kann.

Mit angefeuchteten Händen die Hackfleisch-Mischung zu golfballgroßen Kugeln formen und flach drücken. Die Hackbällchen halten sich im Kühlschrank einen Tag.

Für die Zubereitung der Hackbällchen die Hotplate des Grills auf hohe Temperatur vorheizen und mit Olivenöl einfetten. Die Hackbällchen auflegen und von beiden Seiten jeweils 3–4 Minuten braten.

Mit Rucola, Zitronenspalten, Harissa und nach Belieben mit geröstetem Fladenbrot servieren.

ZUTATEN

500 g Bio-Rinderhackfleisch
1 Zwiebel, geschält und gerieben
1 EL gemahlener Kreuzkümmel
3 EL fein gehackte Petersilie
Meersalz und frisch gemahlener schwarzer Pfeffer
Olivenöl für den Grill
4 Handvoll Rucola
Zitronenspalten

HARISSA

500 g frische große rote Chilischoten
2 Knoblauchzehen, geschält und gehackt
½ TL getrocknete Minze
½ TL Kümmelsamen
¼ l Olivenöl

Heineken
S.PELLEGRINO

RÄUCHERPAPRIKA-KEBABS

Ergibt 4 Portionen

Hier wird das Schweinefleisch in dicke Stücke geschnitten; eigentlich größer, als man es für Fleischspieße vermuten würde. Aber dahinter steckt die Idee, nach dem Grillen schmackhafte und zarte Schweinemedaillons direkt von den Spießen auf den Teller zu streifen. Das Paprikapulver gibt dem Schweinefleisch eine klasse Farbe und einen schön rauchigen Geschmack.

ZUBEREITUNG

Das Schweinefleisch in eine nichtmetallene Schüssel geben. Paprikapulver, Knoblauch, Sherry und Oregano in einer kleinen Schüssel verrühren, bis sich die beiden Paprikapulver aufgelöst haben. Die Mischung über das Fleisch geben. Die Fleischstücke gründlich in der Marinade wenden, bis sie vollständig damit überzogen sind. Abdecken und 6 Stunden oder über Nacht im Kühlschrank durchziehen lassen.

Das Schweinefleisch 30 Minuten vor der weiteren Zubereitung aus dem Kühlschrank nehmen.

Die Hotplate oder den Grillrost des Grills auf hohe Temperatur vorheizen. Die Fleischstücke auf 4 Metallspieße stecken und auf dem Grill 8–10 Minuten braten, dabei alle 2 Minuten wenden, bis die Fleischstücke rundherum goldbraun sind. Vom Grill nehmen und 4 Minuten ruhen lassen.

Das Fleisch mit frischem Baguette oder Ciabatta-Brötchen und Salatblättern servieren.

ZUTATEN

750–800 g Bio-Schweinefilet, in 2 cm dicke Scheiben geschnitten
1 TL scharfes geräuchertes Paprikapulver
2 TL süßes geräuchertes Paprikapulver
3 Knoblauchzehen, geschält und fein gehackt
⅛ l Fino-Sherry
½ TL getrockneter Oregano
frisches Baguette oder Ciabatta-Brötchen
Salatblätter

GEWÜRZTE SCHWEINEMEDAILLONS MIT ORANGEN

Ergibt 4 Portionen

Eine geriebene Zwiebel gibt Fleisch zusätzlich Geschmack und macht es schön zart. Die Marinade in diesem Gericht ist wirklich einfach und gleichzeitig lecker – ein echtes Ass im Ärmel für jeden Koch. Sie schmeckt ebenso gut zu Hähnchenschenkelfilets oder Rumpsteak.

ZUTATEN

600–700 g Bio-Schweinelende
1 Zwiebel, geschält
2 TL Meersalz
2 EL Orangensaft
1 EL gemahlener Kreuzkümmel
2 TL Paprikapulver
1 EL Olivenöl
1 Orange, in 1 cm dicke Scheiben geschnitten
einige Salatblätter
einige Stängel Koriander (nach Belieben)

ZUBEREITUNG

Von der Schweinelende gegebenenfalls das Fett abschneiden, das Fleisch in 1,5 Zentimeter dicke Scheiben schneiden und in eine nichtmetallene Schüssel legen.

Die Zwiebel in eine zweite Schüssel reiben, mit Meersalz mischen und 10 Minuten beiseitestellen. Dann die Zwiebel über dem Schweinefleisch in einem Sieb ausdrücken, sodass der Saft auf die Medaillons tropft. Den Rest der Zwiebel wegwerfen. Orangensaft, Kreuzkümmel, Paprikapulver und Olivenöl zum Fleisch geben und alles gut vermischen. Abdecken und einige Stunden oder über Nacht in den Kühlschrank stellen, zwischendurch immer wieder durchmengen. 1 Stunde vor der weiteren Zubereitung aus dem Kühlschrank nehmen.

Die Hotplate des Grills auf hohe Temperatur vorheizen. Das Schweinefleisch von beiden Seiten jeweils 3 Minuten braten. Die Orangenscheiben 1–2 Minuten von jeder Seite schmoren, bis sie leicht karamellisieren. Zusammen mit dem Schweinefleisch und frischen Salatblättern servieren. Nach Belieben mit einigen Korianderstängeln garnieren.

WÜRZIGE KÖFTE

Ergibt 4 Portionen

Als Köfte werden in der marokkanischen Küche Hackbällchen bezeichnet. Sie werden in Tomatensauce gegart oder in einer Tajine, einer Art Schmortopf, zubereitet. Ras-el-Hanout ist eine marokkanische Gewürzmischung und kann ganz unterschiedlich zusammengesetzt sein, ähnlich wie Garam Masala in der indischen Küche.

ZUTATEN

750 g Bio-Rinderhackfleisch
1 rote Zwiebel, geschält und fein gehackt
2 Knoblauchzehen, geschält und zerdrückt
1 TL gemahlener Ingwer
2 TL Zimt
2 TL Ras-el-Hanout (marokkanische Gewürzmischung)
1 TL Meersalz, zusätzlich Meersalz zum Würzen
3 EL fein gehackte Korianderblätter
3 EL fein gehackte glatte Petersilie
Olivenöl zum Bepinseln

ZUBEREITUNG

Das Hackfleisch mit Zwiebel, Knoblauch, Ingwer, Zimt, Ras-el-Hanout, Salz, Koriander und Petersilie in eine große Schüssel geben und mit den Händen gut vermengen. Dabei immer wieder aufnehmen und fest in die Schüssel oder auf die saubere Arbeitsfläche werfen, um die überschüssige Luft herauszudrücken und das Fleisch zarter zu machen. Abdecken und für 2–6 Stunden in den Kühlschrank stellen.

Die Hackfleisch-Mischung mit angefeuchteten Händen in 16 etwa gleich große Portionen teilen. Wiederum mit feuchten Händen die Portionen zu länglichen Röllchen formen, die an den Enden etwas schmaler zulaufen.

Den Grillrost des Grills auf hohe Temperatur vorheizen. Das Fleisch mit Olivenöl einpinseln und auf den Grill legen. Nochmals mit Meersalz würzen und 5 Minuten grillen, dabei nicht wenden. So können die Köfte eine feste goldbraune Kruste bilden und brechen beim Wenden nicht so schnell auseinander. Wenden und weitere 3–4 Minuten braten. Nach Belieben mit geröstetem Fladenbrot und einem Tomaten-Gurken-Zwiebel-Salat servieren.

SCHWEINESCHULTER QUERÉTARO MIT TOMATILLO-BIER-SALSA

Ergibt 4 Portionen

Ich besitze ein uraltes mexikanisches Kochbuch. Zum Durchblättern ist es ganz wunderbar, aber viele Rezepte zum Nachkochen finde ich nicht darin. Aber als ich kürzlich wieder einmal einen Blick hineinwarf, entdeckte ich die Schweineschulter Querétaro. Querétaro ist eine Stadt in Mexiko.

ZUTATEN

¾ l Milch
1 Zimtstange
1 Knoblauchknolle, quer durchgeschnitten
2 Lorbeerblätter
2 Stängel Thymian
1 Bio-Schweineschulter, aufgeschnitten und ohne Schwarte
Olivenöl für den Grill
Tortillas (nach Belieben)

TOMATILLO-BIER-SALSA

400 g Tomatillos (Dose), gut abgetropft
⅛ l mexikanisches Bier
2 große grüne Chilischoten, entkernt und gehackt
1 großzügige Handvoll Korianderblätter

ZUBEREITUNG

Am Vortag Milch, Zimtstange, Knoblauch, Lorbeerblätter und Thymian in einem kleinen Topf verrühren. Bei geringer Hitze 3–4 Minuten sanft köcheln lassen. Den Topf vom Herd nehmen und die Milch auf Zimmertemperatur abkühlen lassen.

Das Schweinefleisch in eine große Schüssel geben und mit der Würzmilch übergießen. Abdecken und 24 Stunden im Kühlschrank durchziehen lassen, dabei das Fleisch zwischendurch immer wieder wenden.

Am nächsten Tag für die Salsa alle Zutaten im Standmixer zu einer groben Paste verarbeiten. In eine Schüssel geben und beiseitestellen.

Das Schweinefleisch 2 Stunden vor der weiteren Zubereitung aus dem Kühlschrank nehmen. Die Hotplate des Grills auf hohe Temperatur vorheizen und mit etwas Olivenöl einpinseln. Das Schweinefleisch gut abtropfen lassen und trocken tupfen. Auf dem Grill von beiden Seiten kräftig anbraten und dann die Hitze stark reduzieren. Das Fleisch auf ein v-förmiges Grillgestell legen, das auf einer zur Hälfte mit Wasser gefüllten Fettpfanne steht. Die Fettpfanne auf die Hotplate setzen. Den Grilldeckel schließen und das Fleisch in 1½ Stunden weich garen, dabei das Wasser zwischendurch nachfüllen, wenn es verdampft ist.

Das Fleisch mit zwei Gabeln oder einem Messer in grobe Stücke reißen und mit der Tomatillo-Bier-Salsa und nach Belieben mit Tortillas servieren.

DAS MEER

Durch meine Arbeit war ich immer in der glücklichen Lage, die ganze Welt bereisen zu können. Von Portland, Maine, nach Portland, Oregon. Von Dublin nach Marrakesch. Von der Chinatown in Sydney nach Chinatown in New York City. Wenn es darum geht, Meeresfrüchte richtig zu würzen, dann sind die breit gefächerten Küchen dieser Welt meine Inspirationsquellen. Die berauschenden Gewürze des Mittleren Ostens und Nordafrikas, wärmendes spanisches Paprikapulver, spritzige Zitronen und Limetten aus Südostasien und ganz viele frische Kräuter wie Zitronengras, Koriander und Minze.

Natürlich ist es bei bestimmten Meeresfrüchten heikel, sie auf dem Grill zuzubereiten. Deshalb habe ich mich auf wenige Standards beschränkt – rohe Garnelen in allen Größen, ganze Fische und Fischfilets, Sepia, Tintenfisch, Hummerschwänze und Oktopus. Diese Tiere lassen sich gut marinieren und sind schnell und einfach zubereitet.

Beim Grillen von Meeresfrüchten setze ich auf einige Tricks. Legen Sie eine Lage Backpapier auf die Hotplate, wenn Sie zarte Fischfilets oder große ganze Fische grillen. Das Backpapier verhindert, dass die dünne Haut festbackt, und der Fisch lässt sich besser wenden und von der Hotplate heben. In kleine Päckchen aus Backpapier oder Alufolie gewickelt und sanft gedämpft, nimmt Fisch die köstlichen Aromen der Marinade und der Gewürze hervorragend auf. Spieße sind ideal, um kleine Meeresfrüchte zu grillen – Jakobsmuscheln, gewürfeltes Fischfilet oder kleine Garnelen. Meeresfrüchte am besten kräftig mit Salz würzen. Eine Extraprise Salz auf der Fischhaut macht den Fisch auf der Hotplate wunderbar knusprig. Das Grillen von Meeresfrüchten ist wirklich kinderleicht. Und so sollte es auch sein.

SIZILIANISCHER SCHNAPPER

Ergibt 6 Portionen

Über diese herrlichen Aromen und die tolle Garmethode bin ich durch Zufall gestolpert. Ich hatte ein ziemlich großes v-förmiges Grillgestell gekauft, das leider nicht auf meinen Grill passte. Also habe ich es kurzerhand umgedreht, sodass es ein auf den Kopf gestelltes V bildete. Perfekt, um einen ganzen Fisch aufzulegen und zu grillen. Ich bin ein großer Fan der Kombination Fenchelsamen und Chiliflocken. Und auch wenn Ihnen das zu scharf oder zu intensiv im Geschmack sein sollte, experimentieren Sie auf jeden Fall einmal mit dieser Art des Garens für Fisch.

ZUTATEN

1 großer Schnapper à 2 kg, küchenfertig
1 TL Chiliflocken
1 TL Fenchelsamen
2 Knoblauchzehen, geschält und gehackt
1 TL Meersalz
3 EL Olivenöl
2 EL fein gehackte glatte Petersilie (nach Belieben)
Zitronenscheiben

ZUBEREITUNG

Den Fisch gründlich abspülen und mit Küchenpapier trocken tupfen. Auf beiden Seiten einige tiefe, diagonale Schnitte anbringen. Ein Stück Backpapier zusammenknüllen und unter kaltes Wasser halten. Überschüssiges Wasser abtropfen lassen und die Bauchhöhle des Fischs mit dem angefeuchteten Backpapier füllen.
Chiliflocken, Fenchelsamen, Knoblauch, Meersalz und Olivenöl in einer kleinen Schüssel verrühren. Den Fisch damit einpinseln, auch die tiefen Einschnitte nicht aussparen.
Die Hotplate und den Grillrost des Grills auf hohe Temperatur vorheizen und für den Backofen-Effekt den Grilldeckel schließen. Ein v-förmiges Grillgestell umdrehen und den Fisch mit der Bauchöffnung daraufsetzen, sodass er aufrecht steht.
Auf die Hotplate setzen, den Grilldeckel schließen und den Fisch 20–25 Minuten garen, bis er weiß ist und sich leicht von den Gräten lösen lässt. Auf eine Servierplatte legen. Nach Belieben mit Petersilie bestreuen und mit den Zitronenscheiben garnieren.

EXOTISCHE SEPIA-RÖLLCHEN

Ergibt 4 Portionen

Frische Sepia ist herrlich zum Grillen. Gute Fischhändler bereiten sie Ihnen auch küchenfertig zu. Ich persönlich finde Sepia zarter als Tintenfisch, aber ihr Aussehen schreckt einige Leute ab. Daher ist sie günstiger im Preis.

ZUBEREITUNG

Meersalz und Gewürze in einer kleinen Pfanne bei hoher Temperatur unter Schwenken erhitzen, bis die Gewürze anfangen zu rauchen. Die Pfanne vom Herd nehmen, den Inhalt in eine Schüssel geben und beiseitestellen.

Mit einem scharfen Messer eventuelle dunkle Reste von der Sepiahaut kratzen. Den Körper der Sepia aufschneiden und das Innere sauber kratzen. Die Sepia in bis zu 1 Zentimeter breite Streifen schneiden. Mit Olivenöl in einer Schüssel mischen, bis die Sepia-Teile vollständig damit überzogen sind.

Die Hotplate des Grills auf hohe Temperatur vorheizen. Die Sepia-Teile mit einer Grillzange auf der Hotplate auslegen. Nun 1–2 Minuten grillen, bis das Fleisch weiß ist und sich aufrollt. Die Sepia in eine Schüssel geben und gründlich mit der Gewürzmischung vermengen. Nach Belieben mit Zitronenspalten garnieren.

ZUTATEN

1 TL Meersalz
½ TL gemahlener Koriander
½ TL gemahlener Kreuzkümmel
½ TL geräuchertes Paprikapulver
½ TL Ras-el-Hanout (marokkanische Gewürzmischung)
750 g Sepia, küchenfertig
1 TL Olivenöl
Zitronenspalten (nach Belieben)

GARNELEN-CHORIZO-SPIESSE

Ergibt 4 Portionen

Wir nennen die von uns verwendete Chorizo wegen der Extra-Portion Chili oft scherzhaft „freche Chorizo". Die in diesem Gericht verwendete rohe Chorizo muss vor dem Essen gegart werden. Chorizo sollte eine dunkle und kräftige Farbe haben und mit reichlich Knoblauch und Paprika gewürzt sein. Vermeiden Sie Chorizo, die wie Cabanossi aussieht.

ZUTATEN

3 rohe Chorizo à 350 g
16 rohe Garnelen, geschält, vom Darm befreit und mit Schwänzen
2 EL Olivenöl
2 EL Zitronensaft
½ TL getrocknete Minze in guter Qualität
Zitronenscheiben

ZUBEREITUNG

Die Chorizo in 16 Stücke schneiden, die etwa die gleiche Größe haben wie die Garnelen. Chorizo und Garnelen in einer Schüssel mit Olivenöl, Zitronensaft und Minze gründlich mischen. Bei Zimmertemperatur 30 Minuten durchziehen lassen oder abgedeckt für 3–6 Stunden in den Kühlschrank stellen.

Die Hotplate des Grills auf hohe Temperatur vorheizen. Jeweils 2 Stücke Chorizo und 2 Garnelen abwechselnd auf einen Metallspieß stecken. Die Spieße von jeder Seite 3–4 Minuten grillen.

Mit Zitronenscheiben und nach Belieben mit geschmorten Kirschtomaten servieren.

MEERESFRÜCHTE AUF ZITRONENGRAS-SPIESSEN

Ergibt 6 Portionen

Dieses Rezept ist wirklich typisch vietnamesisch. Einfache, frische Aromen – und natürlich Zitronengras. Für mich sind mit Zitronengras unvergessliche Erinnerungen verbunden. Hier verwende ich die Stängel als Grillspieße. Zuckerrohr aus der Dose, in kleinere Stücke gebrochen oder geschnitten, ist ein ebenso nützlicher und exotischer Spieß.

ZUBEREITUNG

Chili, Knoblauch, Frühlingszwiebeln, Kurkuma, gemahlenen Koriander, Garnelenpaste, Tamarindenpüree, Kaffirlimettenblätter, gehacktes Zitronengras, Reiskeimöl, Cream of Coconut und den braunen Zucker im Standmixer fein verarbeiten und die Paste aus dem Mixer kratzen.

Das Garnelenfleisch und den Fisch in der Küchenmaschine zu einer Hackmischung verarbeiten. In einer Schüssel zusammen mit der Gewürzmischung gut vermengen.

Mit angefeuchteten Händen drei großzügige Esslöffel der Masse zu einem Röllchen formen und an die obere Hälfte eines Zitronengras-Spießes drücken.

Mit der restlichen Masse ebenso verfahren.

Die Hotplate des Grills auf hohe Temperatur vorheizen. Die Spieße 5 Minuten grillen, vorsichtig wenden und weitere 5 Minuten grillen. Mit den Korianderstängeln garnieren.

ZUTATEN

5 große rote Chilischoten, entkernt und gehackt
4 Knoblauchzehen, geschält und gehackt
4 Frühlingszwiebeln, geputzt und gehackt
¼ TL gemahlene Kurkuma
½ TL gemahlener Koriander
1 TL Garnelenpaste
2 EL Tamarindenpüree
2 Kaffirlimettenblätter, fein gehackt
1 EL fein gehacktes Zitronengras, nur die weißen Abschnitte
2 EL Reiskeimöl
3 EL Cream of Coconut
2 EL brauner Zucker
400 g rohes Garnelenfleisch
400 g weißes Fischfilet
6 Zitronengrasstängel, in etwa 15 cm lange Stücke geschnitten, für 12 Grillspieße
einige Stängel Koriander

FORELLE MIT PERSISCHEM REIS

Ergibt 4 Portionen

In den Küchen Nordafrikas und des Mittleren Ostens werden zu Fleisch, Fisch und Huhn häufig süß-aromatische Gewürze verwendet. Es gibt da zum Beispiel dieses phänomenale marokkanische Gericht „Bastilla", eine Pastete mit Hähnchen- und Taubenfleisch, in Filoteig gebacken und mit Zimt und Puderzucker bestreut. Die Aromen mögen vielleicht auf den ersten Blick nicht zusammenpassen, aber das Gericht schmeckt wirklich köstlich. Genau wie Zimt zu Fisch, wer hätte das gedacht?

ZUTATEN
4 kleine Regenbogenforellen, küchenfertig
Olivenöl für den Grill

PERSISCHER REIS
2 EL Butter
1 kleine rote Zwiebel, geschält und fein geschnitten
2 TL fein geriebener Ingwer
2 TL Zimt
2 EL grob gehackte geschälte Mandeln
110 g Rundkornreis
2 EL fein gehackte Korianderblätter
2 EL fein gehackte Minze
2 EL fein gehackte glatte Petersilie
Salz und frisch gemahlener schwarzer Pfeffer

ZUBEREITUNG
Für den persischen Reis die Butter bei mittlerer Hitze in einem kleinen Topf zerlassen. Sobald sie anfängt zu brutzeln, die Zwiebel zugeben und 2–3 Minuten anschwitzen. Ingwer und Zimt zufügen und 1 Minute mitschmoren, bis die Mischung aromatisch duftet. Mandeln und Reis hineingeben. Ausreichend Wasser zugießen, sodass der Reis knapp bedeckt ist, und die Reis-Mischung zum Kochen bringen. Die Hitze reduzieren und 10 Minuten garen, bis der Reis die Flüssigkeit aufgenommen hat. Mit einer Gabel locker umrühren, einen Deckel auflegen und 20 Minuten ruhen lassen. Kräuter unterrühren und mit Salz und Pfeffer würzen. Die Reismischung in die Bauchhöhlen der Forellen füllen.
Die Hotplate des Grills auf mittlere Temperatur vorheizen und mit einer Lage Backpapier auslegen. Das Papier mit Olivenöl einpinseln. Die Forellen auf das Backpapier legen, den Grilldeckel schließen und die Fische 10 Minuten grillen. Vorsichtig wenden und weitere 8–10 Minuten grillen, bis sie vollständig gegart sind.

KLASSISCHE KNOBLAUCHGARNELEN

Ergibt 4 Portionen

Mit klassisch meine ich hier „retro". Wie unheimlich innovativ wir das Gericht damals fanden – erhitztes Öl, das in gusseisernen Schälchen mit einigen Garnelen und etwas Knoblauch brutzelte. Wahrscheinlich war es zum Essen nicht das Allersicherste, aber es machte auf jeden Fall Spaß. Und dann dieses köstliche Knoblauchöl, das man nachher bis auf den letzten Tropfen mit Brot auftunkte – herrlich.

ZUBEREITUNG

Die Hotplate des Grills auf hohe Temperatur vorheizen. Das Öl auf vier gusseiserne Förmchen oder kleine Edelstahlförmchen verteilen. Die Förmchen auf die Hotplate stellen, den Grilldeckel schließen und das Öl 10 Minuten erhitzen.

Das heiße Öl hat die richtige Temperatur, wenn sich an der Oberfläche feine Bläschen zeigen. Mit einer großen Edelstahlzange jeweils 6 Garnelen in die Förmchen geben. Den Grilldeckel schließen und die Garnelen 3–4 Minuten garen, bis sie eine schöne rosa Farbe annehmen. Knoblauch, Salz, Mandeln und Petersilie in 4 gleich große Portionen teilen und jeweils eine Portion in jedes Förmchen geben. Die Förmchen vorsichtig auf hitzebeständige Teller heben. Mit knusprigem Brot zum Dippen servieren.

ZUTATEN

¼ l Olivenöl
24 rohe Garnelen, geschält, vom Darm befreit und mit Schwänzen
8 Knoblauchzehen, geschält und fein gehackt
1 TL Meersalz
2 EL grob gehackte Mandelblättchen
2 EL fein gehackte Petersilie
knuspriges Brot

IN PERGAMENT GEBACKENER FÜNF-GEWÜRZE-FISCH

Ergibt 4 Portionen

Okay, ich muss zugeben: Im Rezept tauchen nur vier Gewürze auf. Szechuan-Pfeffer gehört eigentlich auch in die klassische aus China stammende Fünf-Gewürze-Mischung. Es gibt auch eine bengalische Fünf-Gewürze-Mischung namens Panch Phora – aber das ist etwas völlig anderes.

ZUTATEN

4 feste weißfleischige Fischfilets à 200 g

FÜNF-GEWÜRZE-SAUCE

8 Sternanise
4 Nelken
½ TL Fenchelsamen
4 kleine Zimtstangen
3 EL helle Sojasauce
1 EL fein geriebener Palmzucker oder dunkelbrauner Zucker
1 EL fein geriebener Ingwer

ZUBEREITUNG

Für die Sauce die Zutaten in einem kleinen Topf verrühren. Bei starker Hitze aufkochen lassen und unter Rühren den Zucker auflösen. Die Hitze reduzieren und die Masse 2–3 Minuten leicht köcheln lassen. In eine Schüssel geben und zum Abkühlen beiseitestellen. Anschließend den Fisch gründlich in der Mischung wenden, sodass er vollständig damit überzogen ist. Abdecken und bis zu 3 Stunden in den Kühlschrank stellen.

Den Fisch 30 Minuten vor der weiteren Zubereitung aus dem Kühlschrank nehmen.

Aus Backpapier 4 gleich große Stücke zuschneiden, die ausreichend groß zum Einwickeln eines Filets sind. Das Papier anfeuchten und dann das überschüssige Wasser abschütteln.

Jeweils ein Fischfilet in die Mitte des Papiers legen. Die Sauce darüberlöffeln – dabei sollten in jedes Päckchen 2 Sternanise, 1 Nelke und 1 Zimtstange kommen. Die Päckchen eng wickeln und fest mit Küchengarn verschließen.

Den Grillrost auf hohe Temperatur vorheizen. Die Päckchen auf den Rost legen und bei geschlossenem Deckel 8–10 Minuten garen. Nach Belieben mit knackigem Asia-Gemüse servieren.

GEBACKENER FISCH IN CHILI-ZITRONEN-KRÄUTERSUD

Ergibt 4 Portionen

Es ist keine neue Erfindung, Fisch in Alufolie oder Backpapier zu grillen. Zarte Filets mit nichts als Zitronenscheiben, Dill und Butter in Backpapier zu garen ist die wohl einfachste und zugleich schmackhafteste Art, Fisch zuzubereiten. Hier geben die Jalapeños dem Gericht noch einen Extra-Kick.

ZUBEREITUNG

Den Grill oder die Hotplate des Grills auf hohe Temperatur vorheizen. Den Fisch gründlich unter kaltem Wasser abspülen und mit Küchenpapier trocken tupfen. Nun 4 Stücke Backpapier auf 4 entsprechend große Stücke Alufolie legen und den Fisch jeweils in die Mitte des Backpapiers setzen.

Einige Zitronenscheiben in die Bauchhöhle des Fisches stecken und jeweils 1 Esslöffel Butter auf jeden Fisch geben. Mit den Kräutern und den Chilis bestreuen und mit Zitronensaft beträufeln. Kräftig mit Salz und Pfeffer würzen. Backpapier und Alufolie locker über dem Fisch zusammenfalten und die Päckchen auf den Grill legen. Bei geschlossenem Grilldeckel 8–10 Minuten garen. Vor dem Öffnen der Päckchen noch 10 Minuten ruhen lassen und erst dann servieren.

ZUTATEN

4 kleine ganze weißfleischige Fische (z. B. Schnapper) à 400 g, küchenfertig
1 unbehandelte Zitrone, in dünne Scheiben geschnitten
100 g Butter, gewürfelt
2 EL grob gehackter Dill
1 EL fein gehackte glatte Petersilie
2 EL fein gehackte eingelegte Jalapeño-Chilischoten, gut abgetropft
3 EL Zitronensaft
Meersalz und frisch gemahlener schwarzer Pfeffer

SCHWERTFISCH-KEBABS

Ergibt 4 Portionen

Bei Schwertfisch geht es mir vor allem um die Fleischstruktur. Und Schwertfisch ist ein wirklicher fleischiger Fisch. Genau wie Thunfisch kann er wie ein Steak zubereitet werden. Auch wenn er gewürfelt und auf Spieße gesteckt wird, fällt er nicht wie Fisch mit weicher Textur auseinander.

ZUTATEN

750 g Schwertfisch-Steaks ohne Haut, in 3–4 cm große Stücke geschnitten
3 EL Olivenöl
4 Knoblauchzehen, geschält und fein gehackt
3 EL fein gehackte glatte Petersilie
3 EL Zitronensaft
4 Roma-Tomaten, geputzt und geviertelt
2 rote Zwiebeln, geschält und jeweils in 8 Spalten geschnitten
1 grüne Paprikaschote, geputzt und in 2–3 cm große Stücke geschnitten
gegrillte Zitronenscheiben

ZUBEREITUNG

Den Schwertfisch in einer Schüssel mit Olivenöl, Knoblauch, Petersilie und Zitronensaft gründlich mischen. Bei Zimmertemperatur 30 Minuten durchziehen lassen.

Die Hotplate des Grills auf hohe Temperatur vorheizen. Fischstücke, Tomatenviertel, Zwiebelspalten und grüne Paprikastücke im Wechsel auf 8 Metallspieße stecken. Die Marinade auffangen und beiseitestellen.

Die Spieße 8 Minuten grillen, dabei mit der restlichen Marinade einpinseln und alle 2 Minuten wenden, bis der Fisch vollständig gegart ist.

Mit den gegrillten Zitronenscheiben garnieren.

SCHWERTFISCH MIT RAS-EL-HANOUT

Ergibt 4 Portionen

In den engen Gassen des Basars in Marrakesch verkauft jeder Gewürzladen sein eigenes Ras-el-Hanout, sozusagen seine beste Hausmischung. In der Hinsicht ähnelt Ras-el-Hanout der indischen Gewürzmischung Garam Masala – auch hier gleicht keine Mischung der anderen.

ZUTATEN

750 g Schwertfisch, küchenfertig und in große Stücke geschnitten
2 EL Olivenöl
Zitronenspalten

GEWÜRZMISCHUNG

1 TL Meersalz
1 TL geräuchertes Paprikapulver
1 TL Ras-el-Hanout (marokkanische Gewürzmischung)

ZUBEREITUNG

Für die Gewürzmischung die Gewürze in einer kleinen Pfanne bei starker Hitze unter ständigem Schwenken rösten, bis die sie gerade anfangen zu rauchen – aber nicht anbrennen lassen. Die Mischung in eine Schüssel geben und beiseitestellen.

Den Schwertfisch in einer Schüssel gründlich mit Olivenöl mischen, bis er vollständig damit überzogen ist. Die Hotplate des Grills auf hohe Temperatur erhitzen. Die Fischstücke darauf verteilen und 6–8 Minuten grillen. Dabei alle 2 Minuten wenden, bis der Fisch goldbraun gegart ist. In eine Schüssel legen und die Gewürzmischung dazugeben, dabei die Schüssel schwenken, bis der Fisch vollständig damit überzogen ist. Mit den Zitronenspalten servieren.

VIETNAMESISCHE REISPAPIERRÖLLCHEN MIT FISCH-CASHEW-KORIANDER-FÜLLUNG

Ergibt 4 Portionen

Reispapierrollen sind ein besonderes kulinarisches Erlebnis. Sie können mit Schweinefleisch, Hähnchen und Garnelen, aromatischen Kräutern und sogar mit Nudeln gefüllt werden. Das Reispapier wird in Wasser eingeweicht und kann dann sofort gegessen werden. Aber man kann die Röllchen auch frittieren oder grillen. Und wenn Sie wollen, dass der Fisch in der Füllung gar wird, sollten Sie das hier auch tun.

ZUBEREITUNG

Für die Koriander-Cashew-Paste alle Zutaten im Standmixer zu einem groben Pesto verarbeiten. Die Mischung abgedeckt kalt stellen. Die Paste kann bereits am Vortag zubereitet werden.

Den Fisch in 8 gleich große Stücke schneiden, mit der zubereiteten Paste bestreichen und beiseitestellen.

Ein sauberes Geschirrtuch auf die Arbeitsfläche legen. Warmes Wasser in eine Schüssel gießen.

Nacheinander die Reispapierblätter 2–3 Minuten im Wasser einweichen und dann flach auf das Geschirrtuch legen.

In die Mitte jedes Reispapiers ein Stück Fisch legen und dieses mit der restlichen Paste bestreichen.

Beide Seiten nach innen über den Fisch schlagen und dann fest aufrollen.

Die Hotplate des Grills auf hohe Temperatur erhitzen und mit wenig Olivenöl einpinseln. Die Reispapierröllchen auflegen und 5 Minuten garen, zwischendurch nicht wenden. Sie sollten eine schöne goldbraune Kruste bilden, damit sie nicht zerbrechen.

Mit einem Metallspatel jedes Röllchen wenden und bei geschlossenem Deckel weitere 5 Minuten garen.

Mit Salatblättern und Zitronenspalten servieren.

ZUTATEN

500 g weißfleischige Fischfilets
8 kleine Blätter vietnamesisches Reispapier (Asialaden)
Olivenöl für den Grill
Salatblätter
Zitronenspalten

KORIANDER-CASHEW-PASTE

1 kleines Bund Koriander
50 g Cashewkerne, geröstet
1 EL fein geriebener Ingwer
1 TL Zucker
2 EL Fischsauce (Asialaden)
¼ TL frisch gemahlener weißer Pfeffer
2 TL Olivenöl

LACHS MIT SALZ-CHILI-KRUSTE

Ergibt 4 Portionen

Bei diesem perfekt gegrillten Fisch ist es wichtig, dass die Hotplate wirklich heiß ist, wenn der Fisch aufgelegt wird. Er sollte bis zum Ende der Garzeit auf keinen Fall bewegt werden, sonst reißt die Haut. Wenn die Haut sich durch die Hitze der Hotplate zusammenziehen kann, lässt sich der Fisch einfacher wenden.

ZUBEREITUNG

Szechuanpfeffer, Chiliflocken und Meersalz in der Gewürzmühle oder im Mörser fein vermahlen und beiseitestellen.

Die Lachsfilets gründlich abspülen und mit Küchenpapier trocken tupfen. Mit der Hautseite nach oben für 3 Stunden oder über Nacht in den Kühlschrank legen. Den Lachs 30 Minuten vor der Zubereitung aus dem Kühlschrank nehmen. Die Haut gleichmäßig mit dem Gewürzsalz bestreuen.

Die Hotplate des Grills auf hohe Temperatur vorheizen und leicht mit Olivenöl einpinseln. Den Fisch mit der Haut nach unten auflegen und 5 Minuten garen. Den Fisch nicht wenden, bis die Haut schön knusprig und goldbraun ist. Mit einem Metallspatel wenden und weitere 2 Minuten garen. Mit den Limettenspalten servieren.

ZUTATEN

½ TL Szechuanpfeffer
½ TL Chiliflocken
½ TL Meersalz
4 Lachsfilets à 180–200 g mit Haut
Olivenöl für den Grill
Limettenscheiben

CALAMARES MIT SALZ-PFEFFER-PANADE

Ergibt 4 Portionen

Calamares mit Salz-Pfeffer-Panade sind das vielleicht verbreitetste Gericht auf asiatischen Speisekarten. Allerdings nehme ich an, dass die meisten Restaurants sie frittieren. Auch das Garen auf der Hotplate verspricht jedoch ein gutes Resultat. Probieren Sie es auch mit Garnelen. Sie werden von jeder Seite 1–2 Minuten gegrillt, bis sie eine schöne Farbe nehmen und sich leicht aufrollen. Zum Schluss in der Salz-Pfeffer-Mischung wälzen.

ZUTATEN

750 g Calamares-Fangarme, küchenfertig
2 EL Olivenöl
2 große rote Chilischoten, entkernt und fein gehackt
2 Knoblauchzehen, geschält und fein gehackt
1 TL grobes Meersalz
1 TL weiße Pfefferkörner
1 TL Szechuanpfeffer
2 Handvoll Korianderblätter, gehackt
Zitronenscheiben

ZUBEREITUNG

Die Calamares-Fangarme in 1 Zentimeter breite Streifen schneiden und mit Olivenöl, Chili und Knoblauch in einer Schüssel gründlich mischen, sodass sie vollständig damit überzogen sind. Bis zur weiteren Verwendung in den Kühlschrank stellen.

Das grobe Meersalz, den weißen Pfeffer und den Szechuanpfeffer in einer kleinen Pfanne stark erhitzen, bis sie anfangen zu rauchen. Die Pfanne mehrmals kräftig schütteln, dann die Mischung in eine Schüssel geben und abkühlen lassen. Die Gewürze in der Gewürzmühle oder im Mörser grob vermahlen.

Die Hotplate des Grills auf hohe Temperatur vorheizen. Die Calamares mit einer Grillzange auf der Hotplate verteilen, 2 Minuten grillen und dann wenden. Weitere 2 Minuten grillen, anschließend in eine große Schüssel legen. Die Salz-Pfeffer-Mischung zugeben und die Calamares gründlich darin wenden. Mit gehacktem Koriander bestreuen und mit den Zitronenspalten servieren.

KNOBLAUCHGARNELEN MIT THAI-PFEFFER

Ergibt 4 Portionen

Die Gewürzkombination Koriander, Knoblauch und Fischsauce ist typisch für die Thai-Küche – sie verwendet Koriander von der Wurzel bis zur Blattspitze für Fisch oder Hähnchenschenkel. Tiefe Einschnitte in die dickeren Teile von Fisch und Hähnchenschenkel sorgen dafür, dass das Fleisch gleichmäßig gart. Perfekt zubereitete Garnelen sollten nicht zu lange gegart werden. Sie sind bereits fertig, wenn sie Farbe nehmen und sich zusammenrollen.

ZUBEREITUNG

Den Koriander etwa 3–4 Zentimeter über dem Wurzelende abschneiden. Die Wurzeln abspülen, dann sehr fein hacken und in einen Mörser geben. Die Korianderblätter grob hacken und beiseitestellen. Knoblauch und Pfefferkörner zu den Korianderwurzeln geben, im Mörser zu einer groben Paste verarbeiten und in eine Schüssel füllen. Den braunen Zucker und die Fischsauce unterrühren. Die Garnelen zur Paste geben und vermengen, bis sie vollständig damit überzogen sind. Bei Zimmertemperatur 30 Minuten ziehen lassen oder abgedeckt für 3–6 Stunden in den Kühlschrank stellen.

Die Garnelen 30 Minuten vor der Zubereitung aus dem Kühlschrank nehmen. Die Hotplate des Grills auf hohe Temperatur vorheizen. Das Pflanzenöl auf die Hotplate träufeln, die Garnelen auflegen und von beiden Seiten jeweils 2 Minuten braten, bis sie schön rosa sind, sich leicht aufrollen und aromatisch duften. Mit den beiseitegestellten gehackten Korianderblättern bestreuen und mit Limettenspalten garnieren.

ZUTATEN

1 Bund Koriander mit Wurzeln
4 Knoblauchzehen, geschält und gehackt
1 EL weiße Pfefferkörner
2 EL brauner Zucker
2 EL Fischsauce
16 große rohe Garnelen, geschält, vom Darm befreit und mit Schwänzen
Pflanzenöl für den Grill
Limettenspalten

GEGRILLTER SCHNAPPER MIT MEXIKANISCHER SALSA

Ergibt 6 Portionen

Das gleiche Räucher-Aroma, das beim Grillen von Auberginen für Baba Ghanoush (Rezept S. 202) entsteht, können Sie auch mit anderen Gemüsesorten wie Tomaten, Knoblauch und Schalotten erzielen. In der Thai-Küche würden Sie das Gemüse mit Fischsauce und Zucker in den Standmixer geben. Oder Sie machen etwas ganz anderes und fügen mexikanische Gewürze wie scharfen Chipotle-Chili und Koriander hinzu. Das ist eine sehr geschmacksintensive Basis für eine Sauce zu gegrilltem Fisch oder Hähnchen.

ZUTATEN

1 großer Schnapper à 2 kg, küchenfertig
2 EL Olivenöl, zusätzlich Olivenöl für den Grill
2 TL Meersalz
2 Handvoll Koriander, grob gehackt
Limettenspalten

MEXIKANISCHE SALSA

2 Tomaten
4 Knoblauchzehen
1 Zwiebel, halbiert
3 EL Orangensaft
2 EL Rotweinessig
1 EL Chipotle-Chilipulver
2 EL brauner Zucker
3 EL gehackte Korianderblätter

ZUBEREITUNG

Den Grillrost des Grills auf hohe Temperatur vorheizen. Für die mexikanische Salsa Tomaten, Knoblauch und Zwiebel auf den Grillrost legen und unter ständigem Wenden schmoren, bis die Haut leicht gebräunt ist und Blasen wirft. Abkühlen lassen.

Das Gemüse schälen, grob hacken und im Standmixer zusammen mit Orangensaft, Essig, Chipotle-Pulver, braunem Zucker und Koriander zu einer glatten Paste verarbeiten.

Auf beiden Seiten des Fisches tiefe diagonale Schnitte anbringen. Olivenöl und Meersalz mischen und den Fisch damit einreiben.

Die Hotplate des Grills auf mittlere Temperatur vorheizen und für den Backofen-Effekt den Deckel schließen. Ein längliche Lage Backpapier mit Olivenöl einpinseln. Den Fisch darauflegen, von beiden Seiten mit 1 Esslöffel Salsa bestreichen und mit dem Backpapier auf die Hotplate legen. Den Deckel schließen und den Fisch 15 Minuten garen. Vorsichtig wenden und bei geschlossenem Deckel weitere 10 Minuten garen. Den Fisch auf eine Servierplatte gleiten lassen, mit der restlichen Salsa beträufeln, mit Koriander bestreuen und mit Limettenspalten garnieren.

HUMMERSCHWÄNZE MIT CHILI-KNOBLAUCH-BUTTER

Ergibt 4 Portionen

Hummer sind seltsame Kreaturen. Eigentlich genau wie Garnelen, die ich persönlich bevorzuge. Wahrscheinlich ist es der Preis für den Hummer, der den Koch unter Druck setzt und ihn glauben lässt, er müsse etwas ganz Besonderes zaubern. Das ist ein Irrtum. Halten Sie es möglich einfach. Weder Béchamel- noch weiße Sauce, weder Käse noch Flambieren. Grillen Sie den Hummer zügig und geben Sie frische Kräuter dazu. Mehr braucht er nicht.

ZUBEREITUNG

Butter, Chiliflocken, Knoblauch und Petersilie in einer kleinen Schüssel mischen und mit Meersalz würzen. Beiseitestellen.

Die Hummerschwänze längs durchschneiden und die Butter-Mischung auf allen vier Hälften verteilen.

Die Hotplate des Grills auf mittlere Temperatur vorheizen. Den Hummer mit der Schalenseite nach unten auflegen, den Grilldeckel schließen und den Hummer 10 Minuten backen, bis das Fleisch weiß und gut durchgegart ist. Mit Zitronenscheiben garnieren.

ZUTATEN

75 g zimmerwarme Butter
½ TL Chiliflocken
2 Knoblauchzehen, geschält und zerdrückt
1 EL fein gehackte glatte Petersilie
Meersalz
2 Hummerschwänze à 320 g, küchenfertig
Zitronenscheiben

GARNELEN MIT KNOBLAUCH-ESSIG

Ergibt 4 Portionen

In der kantonesischen Küche wird häufig heißes Öl über Knoblauch gegossen (oder über eine Mischung aus Knoblauch, Ingwer und Frühlingszwiebeln). Ich habe nun vor Kurzem entdeckt, dass man diese Zubereitungsweise auch in der iberischen Küche findet. Das heiße Öl macht den Knoblauch weich und wohlschmeckend und es nimmt das feine Knoblaucharoma an.

ZUTATEN

8 Knoblauchzehen, geschält und fein gehackt
3 EL Olivenöl
3 EL Weißweinessig
1 EL süßes Paprikapulver
1 TL Meersalz
24 rohe Garnelen, geschält, vom Darm befreit und mit Schwanz
2 Handvoll Baby-Rucola
Zitronenspalten, nach Belieben

ZUBEREITUNG

Den Knoblauch in eine kleine feuerfeste Schüssel geben. Das Olivenöl in einem kleinen Topf stark erhitzen, über den Knoblauch gießen, einige Sekunden brutzeln lassen und dann zügig Essig, Paprikapulver und Meersalz zufügen. Gründlich umrühren und zum Abkühlen beiseitestellen.

Die Garnelen in eine große Schüssel legen und die abgekühlte Knoblauchmischung darübergießen. Garnelen mit der Sauce mischen, bis sie rundherum damit überzogen sind. Bei Zimmertemperatur 30 Minuten durchziehen lassen oder abgedeckt für 3–6 Stunden in den Kühlschrank stellen.

Die Garnelen 30 Minuten vor der weiteren Zubereitung aus dem Kühlschrank nehmen.

Die Hotplate des Grills auf hohe Temperatur vorheizen und die Garnelen nebeneinander auf die Grillfläche legen. Eventuell portionsweise grillen, dabei jede Portion 3 Minuten grillen, anschließend wenden und weitere 2 Minuten grillen, bis die Garnelen eine rosa Farbe genommen haben und vollständig gegart sind. Mit Rucola und nach Belieben mit Zitronenspalten garnieren.

MEERFORELLE MIT INGWER UND SCHALOTTEN

Ergibt 4 Portionen

Die Meerforelle ist ein schillernd bunter Fisch. Wunderbar im Aussehen wie im Geschmack. Garen Sie ihn nicht zu lange. Idealerweise ist er außen altrosa und innen orangefarben. Zu dem pikanten Fisch passen am besten leichte asiatische Gewürze.

ZUBEREITUNG

Den Fisch auf einen Teller oder ein Backblech legen. Mit dem Reiswein einreiben, mit Meersalz und Pfeffer würzen und dann 30 Minuten ruhen lassen.

Ein großes Stück Alufolie auf die Arbeitsfläche legen und darauf ein ähnlich großes Stück Backpapier. Den Fisch mit der Haut nach unten in die Mitte des Backpapiers legen.

Den Fond, die Sojasauce und den Zucker verrühren, bis sich der Zucker aufgelöst hat. Die Mischung über den Fisch gießen. Den Ingwer und die weißen Abschnitte der Frühlingszwiebeln obenauf streuen und die Folie locker über dem Fisch zusammenfalten.

Die Hotplate des Grills auf hohe Temperatur vorheizen und für den Backofen-Effekt den Grilldeckel schließen. Den Fisch auf die Grillfläche legen und bei geschlossenem Deckel 10 Minuten garen. Den noch eingepackten Fisch auf eine Servierplatte heben.

Die Limettenscheiben 1–2 Minuten auf dem Grill schmoren, bis sie karamellisieren.

Das Öl in einen kleinen Topf gießen und den Topf auf die Hotplate stellen. Sobald die Oberfläche des Öls sprudelt und anfängt zu rauchen, die Folie öffnen und das heiße Öl vorsichtig über den Fisch gießen.

Die grünen Abschnitte der Frühlingszwiebeln und den Koriander darüberstreuen und mit etwas weißem Pfeffer würzen. Mit Limettenscheiben garnieren.

ZUTATEN

1 Meerforelle à 1 kg mit Haut, küchenfertig
1 EL chinesischer Reiswein (Asialaden)
Meersalz
1 Prise frisch gemahlener weißer Pfeffer, plus Pfeffer zum Abschmecken
3 EL Hühnerfond
1 EL helle Sojasauce
1 TL feiner Zucker
5 cm frischer Ingwer, geschält und möglichst fein gerieben
6 Frühlingszwiebeln, geputzt, weiße und grüne Abschnitte getrennt, jeweils in sehr feine schräge Ringe geschnitten
4 Limettenscheiben
3 EL Reiskeimöl
1 Handvoll Korianderstängel und -blätter, gehackt

DER GARTEN

Sie können sich nicht vorstellen, dass Gemüse und Grill zusammenpassen? Denken Sie noch mal drüber nach. Wie steht's mit Ofenkartoffeln und Sauerrahm oder Frischkäse? Oder gegrillten Maiskolben mit Butter? Gegrillten Auberginen, Paprikaschoten oder Zucchini, die mit Fetakäse, Kräutern und Knoblauchöl vermischt werden? Geschmorten Tomaten, mit Olivenöl beträufelt und mit Oregano und Meersalz gewürzt? Sie sehen schon, mein gegrilltes Gemüse hat ein Thema – ich favorisiere eindeutig die Küche Italiens, Asiens und des Mittleren Ostens, und das aus gutem Grund. In diesen Ländern bzw. Regionen hatten lokale Märkte und regionale Produkte schon immer einen hohen Stellenwert. Damit zaubern Sie frische und wohlschmeckende Gerichte.

Ich habe für die Rezepte in diesem Kapitel vor allem Gemüsesorten wie Aubergine, Zucchini oder Tomate verwendet. Die Aubergine ist mein ganz persönlicher Favorit, denn sie ist unheimlich vielseitig, aber das gilt auch für Zucchini und Tomate. Sie alle nehmen Aromen und Gewürze wunderbar auf. Schon eine kurze Zeit über der Flamme reicht aus, um sie weich zu schmoren. Dann noch mit etwas Olivenöl beträufeln und kräftig schmeckende Gewürze und frische Kräuter untermischen. Einfach köstlich.

Frische und Saisonalität sind wichtig. Kaufen Sie Ihr Gemüse am besten auf dem Wochenmarkt. Wählen Sie Auberginen mit fester und glänzender Haut. Sommertomaten sollten verführerisch duften. Am besten nehmen Sie heimische Sorten. Der Fenchel sollte keine Flecken zeigen und noch sein fein fedriges Grün haben. Kräuter müssen frisch aussehen. Natürlich ist es verlockend, billigen Knoblauch zu kaufen, aber der hat meist schon eine weite Reise hinter sich und ist mit allem möglichen Mist gespritzt. Halten Sie lieber Ausschau nach einem Knoblauchbauern in Ihrer Nähe. Bei ihm kostet der Knoblauch vielleicht etwas mehr, aber dafür ist sein Geschmack viel besser und er hält sich länger.

Wir wollen das Rad jedoch nicht neu erfinden. Ganz im Gegenteil, lassen wir das Rad Rad sein, oder besser gesagt die Aubergine Aubergine und den Kürbis Kürbis, wenn Sie wissen, was ich meine. So mache ich das jedenfalls, wenn ich Gemüse grille. In meinem Buch werden Sie keine akkurat gewürfelten Möhren, Sellerieknollen oder Zwiebeln finden. Nun ja, zumindest nicht in meinen Grill-Büchern. Hier geht es vielmehr um Gemüse in all seiner ursprünglichen Pracht.

GEMÜSE-HALLOUMI-SPIESSE

Ergibt 4 Portionen

Halloumi gehört zu den Zutaten, die plötzlich auftauchten und sich dann zu meinen absoluten Lieblingen in der Küche entwickelten. In diesem Rezept wird der Käse gewürfelt und mit Aubergine und Zucchini auf Spieße gesteckt. Alternativ kann man Halloumi in 1 Zentimeter dicke Stücke schneiden, in einer Mischung aus getrockneten Chiliflocken, getrocknetem Oregano, Olivenöl und Zitronensaft marinieren und auf dem Grill braten, bis er eine schöne braune Kruste bekommt.

ZUTATEN
500 g Halloumi-Käse
2 kleine Auberginen
2 Zucchini
2 EL Olivenöl, zusätzlich Olivenöl für den Grill
2 EL Cidre-Essig
2 TL Kreuzkümmelsamen
1 TL Chiliflocken
2 große Handvoll Baby-Rucola

ZUBEREITUNG
8 Bambusspieße 30 Minuten in Wasser einweichen. Halloumi, Auberginen und Zucchini in etwa 2 cm große Stücke schneiden. Jeweils 2 Käsestücke im Wechsel mit dem Gemüse auf die Bambusspieße stecken und die Spieße in eine flache Schale legen.
Olivenöl, Essig, Kreuzkümmelsamen und Chili in einer kleinen Schüssel mischen und über die Spieße geben. Bei Zimmertemperatur einige Stunden marinieren lassen.
Die Hotplate des Grills auf hohe Temperatur vorheizen und die Grillfläche mit etwas Olivenöl beträufeln. Die Marinade für die Spieße auffangen und die Spieße auf der Hotplate 2–3 Minuten grillen, bis der Käse eine dunkle goldene Kruste bekommt. Die Spieße mit einem Metallspatel wenden und weitere 2 Minuten grillen. Den Rucola auf einer Servierplatte anrichten und die Spieße darauflegen. Mit der aufgefangenen Marinade beträufeln. Nach Belieben mit Couscous servieren.

INDISCHE GEWÜRZ-AUBERGINEN

Ergibt 4–6 Portionen

Denken Sie daran, die Auberginen erst zu würzen, wenn sie fast fertig gegrillt sind. Die Hitze der Aubergine setzt die aromatischen Öle in den Gewürzen frei. Auberginen nehmen unheimlich viel Fett auf. Das werden Sie vor allem beim Frittieren feststellen.

ZUBEREITUNG

Die Auberginen der Länge nach in große Spalten schneiden.

Den Grillrost auf mittlere Temperatur vorheizen. Die Auberginen im Reiskeimöl gründlich wenden, bis sie vollständig damit überzogen sind. Die Auberginenspalten auf den Grill legen und in 12–15 Minuten goldbraun und weich grillen, dabei mit einer Zange möglichst oft wenden. In eine Schüssel geben.

Olivenöl, Knoblauch, Kreuzkümmel und Chilipulver in einer kleinen Schüssel mischen, das Dressing auf die noch heißen Auberginenspalten geben und gründlich untermischen, bis die Spalten vollständig damit überzogen sind.

Den Frischkäse-Joghurt auf einer Servierplatte verteilen. Die Auberginenspalten darauf anrichten und mit Minze bestreuen.

ZUTATEN

2 mittelgroße Auberginen, geputzt
2 EL Reiskeimöl
3 TL Salz
2 EL Olivenöl
1 Knoblauchzehe, geschält und zerdrückt
1 TL gemahlener Kreuzkümmel
½ TL Chilipulver
125 g Labneh (Frischkäse-Joghurt; orientalischer Lebensmittelladen)
1 große Handvoll Minze, grob gehackt

GEGRILLTER TOFU MIT KAFFIRLIMETTENBLÄTTERN UND ZITRONENGRAS

Ergibt 4 Portionen

Ich kann verstehen, wenn Sie nicht gern Tofu essen, denn meist wird er miserabel zubereitet. Also – wenn Sie ein Filetsteak 20 Minuten von jeder Seite braten, wird es Ihnen wahrscheinlich genauso wenig schmecken. Beim Tofu geht es vor allem um die Textur. Er ist eine Art Chamäleon und nimmt den Geschmack der übrigen Zutaten an. Wenn er jedoch gut (und damit meine ich einfach und zügig) zubereitet und mit einigen Gewürzen kombiniert wird, dann mögen plötzlich nicht mehr nur Vegetarier gegrillten Tofu. Falls Sie keine süße Sojasauce (Ketjab manis) bekommen können, dann ersetzen Sie sie durch Sojasauce, unter die Sie etwas braunen Zucker rühren.

ZUTATEN

2 Stängel Zitronengras,
nur weiße Abschnitte, gehackt
2 Knoblauchzehen, geschält
und gehackt
2 Kaffirlimettenblätter,
in feine Streifen geschnitten
1 EL fein geriebener Ingwer
2 EL Fischsauce
2 EL Pflanzenöl
1 TL feiner Zucker
300 g Tofu, als fester Block
Ketjab manis
(süße Sojasauce, Asialaden)
einige Stängel Koriander

ZUBEREITUNG

Zitronengras, Knoblauch, Limettenblätter, Ingwer, Fischsauce, Pflanzenöl und Zucker im Standmixer zu einer groben Sauce verarbeiten. Zusammen mit dem Tofu in eine Schüssel geben und den Tofu gleichmäßig in der Sauce wenden, bis er rundherum damit überzogen ist. Bei Zimmertemperatur zwei Stunden marinieren lassen.

Die Hotplate des Grills auf hohe Temperatur vorheizen. Das Tofustück auf die Grillfläche legen und die restliche Sauce darüberträufeln. Den Grilldeckel schließen und den Tofu 5 Minuten braten. Mit einem großen Spatel den Tofu wenden. Die Zitronengras-Mischung sollte leicht gebräunt und an einigen Stellen kräftig angeschmort sein. Bei geschlossenem Deckel weitere 5 Minuten braten.

Den Tofu in große Würfel schneiden und auf einer Servierplatte anrichten, mit Ketjab manis beträufeln und mit Koriander bestreuen.

GEGRILLTER MAIS MIT SCHARFER SALSA

Ergibt 4 Portionen

In meinem ersten Grillbuch „Fired Up" gab es ein Rezept mit Mais, das wirklich beliebt war. Der gegrillte Mais wurde mit Butter, Limettensaft und Parmesan serviert. Parmesan mag sich hier vielleicht etwas seltsam anhören, aber er gibt dem Mais zusätzlich Würze – etwas, das die Japaner „Umami" nennen.

ZUBEREITUNG

Für die Salsa alle Zutaten in einer großen Schüssel mischen und beiseitestellen.

Die Hotplate des Grills auf hohe Temperatur vorheizen. Den Mais mit etwas Butter einpinseln und auf der Hotplate 8–10 Minuten grillen, dabei alle 2 Minuten wenden. Zwischendurch immer wieder mit Butter einpinseln, bis der Mais an den Rändern anfängt zu schmoren.

Den Mais mit der Salsa in eine Schüssel geben und gut vermischen. Mit Salz und Pfeffer würzen. Den noch warmen Mais mit geriebenem Parmesan bestreuen und direkt servieren.

ZUTATEN

4 frische Maiskolben
3 EL zerlassene Butter
Salz und frisch gemahlener schwarzer Pfeffer
35 g Parmesan, fein gerieben

SALSA

2 EL Olivenöl
1 EL Limettensaft
3 EL fein gewürfelter gerösteter Piquillo-Chili oder geröstete rote Paprikaschote
3 EL gehackte eingelegte Jalapeño-Chilischoten, gut abgetropft
1 kleine Handvoll Korianderblätter, grob gehackt
2 Frühlingszwiebeln, geputzt und in feine Ringe geschnitten

GEGRILLTE AUBERGINE BALINESISCH MIT TOMATEN-SAMBAL

Ergibt 4 Portionen

Sambal gehört zu Bali und Indonesien wie Harissa zu Marokko. Es ist eine Sauce auf Chili-Basis – scharf und würzig mit dem gewissen Kick. Sambal kommt in Curry-Gerichte und wird zum Würzen von Grillfleisch verwendet.

ZUTATEN

2 Auberginen, geputzt
Pflanzenöl zum Grillen
Limettenspalten

TOMATEN-SAMBAL

4 reife Tomaten, geputzt
4 Knoblauchzehen, ungeschält
2 rote Schalotten, geschält
1 TL Garnelenpaste
1 kleine rote Chilischote, entkernt
¼ TL frisch gemahlener weißer Pfeffer
2 EL brauner Zucker

ZUBEREITUNG

Den Grillrost auf hohe Temperatur vorheizen.
Für das Tomaten-Sambal Tomaten, Knoblauch und Schalotten auf die Grillfläche legen und 8–10 Minuten grillen, dabei zwischendurch wenden und vom Grill nehmen, wenn das Grillgut rundherum braun geschmort ist. Die Garnelenpaste locker in Alufolie wickeln und für 2–3 Minuten auf den Grill geben. Wenn das Grillgut wieder ausreichend abgekühlt ist, den Knoblauch schälen und zusammen mit den Tomaten und den Schalotten in den Standmixer füllen. Garnelenpaste, Chili, Pfeffer und Zucker zufügen und alle Zutaten zu einer glatten Paste verarbeiten. Die Paste in einen kleinen Topf füllen und 10 Minuten köcheln lassen, bis sie etwas eingedickt ist. In eine Schüssel geben und abkühlen lassen.
Für die Zubereitung der Auberginen den Grillrost auf mittlere Temperatur vorheizen. Jede Aubergine längs halbieren und flache kurze diagonale Einschnitte in die Haut ritzen. Mit der Schnittfläche nach unten in 8–10 Minuten auf dem Grill goldbraun schmoren. Wenden und nochmals 5 Minuten schmoren. Die Aubergine sollte dann weich sein und in sich zusammenfallen. Mit Tomaten-Sambal und Limettenspalten anrichten.

MIGAS-TOMATEN-SALAT

Ergibt 4 Portionen

Ich interpretiere dieses Gericht auf meine Art: In der spanischen, portugiesischen und mexikanischen Küche wird Migas mit altem Brot zubereitet, das in einer Mischung aus Milch und Wasser eingeweicht und dann frittiert wird. Eine wirklich schmackhafte Zubereitungsweise, aber nichts fürs Grillen im Freien. Das eingeweichte Brot kann man aber auch auf der Hotplate des Grills braten, das ist praktischer und sogar ein bisschen gesünder.

ZUTATEN

3 EL Milch
4 Scheiben Ciabatta
Olivenöl für den Grill
3 Tomaten, geputzt und grob gehackt
2 EL Rotweinessig
1 kleine Knoblauchzehe, geschält und zerdrückt
1 kleine Handvoll glatte Petersilie, grob gehackt
Salz und frisch gemahlener schwarzer Pfeffer

ZUBEREITUNG

Die Hotplate des Grills auf hohe Temperatur vorheizen. Milch und 3 Esslöffel Wasser in einer Schüssel mischen. Jede Brotscheibe 1 Minute in der Mischung einweichen lassen.

Das Brot aus der Milch-Mischung nehmen und so viel Flüssigkeit wie möglich herausdrücken. Die Hotplate großzügig mit Olivenöl einpinseln und die Brotscheiben von beiden Seiten jeweils einige Minuten backen, bis sie schön goldbraun und an den Rändern knusprig sind. Das Brot vom Grill nehmen und abkühlen lassen. Sobald es ausreichend kalt ist, die Scheiben in grobe Stücke reißen und mit Tomaten, Essig, Knoblauch und Petersilie in eine Schüssel geben. Mit Salz und Pfeffer würzen und alles gut vermischen. Noch warm servieren.

GEGRILLTER FENCHEL MIT CHILI UND KRÄUTERN

Ergibt 4 Portionen

Fenchel schmeckt in jeder Form. Das feine Grün gibt Dressing und Mayonnaise zusätzlich Geschmack. Die fleischigen Knollen können unterschiedlich verarbeitet werden – in Nudelsaucen, im Risotto, in einer Minestrone oder mit Schweinefleisch oder Hähnchen gebraten. Fenchelsamen habe ich jederzeit in meinem Vorratsschrank. Ich verwende sie für viele indische oder italienische Gerichte.

ZUTATEN

4 mittelgroße Fenchelknollen, möglichst mit Grün, geputzt
2 Knoblauchzehen, geschält und gehackt
3 EL Olivenöl
2 EL Rotweinessig
2 TL Dijon-Senf
½ TL Meersalz
Chiliflocken
1 Handvoll glatte Petersilie, fein gehackt
1 Handvoll Minze, fein gehackt

ZUBEREITUNG

Das Fenchelgrün von den Knollen abschneiden und grob hacken. Es sollte möglichst 1 Handvoll ergeben. Beiseitestellen. Die Fenchelknolle längs in ½ Zentimeter dicke Scheiben schneiden, in eine Schüssel geben und mit dem Knoblauch und 1 Esslöffel Olivenöl mischen. Bei Zimmertemperatur 30 Minuten marinieren lassen.

Das restliche Olivenöl mit den übrigen Zutaten in einer großen Schüssel verrühren.

Den Grillrost auf hohe Temperatur vorheizen. Die Hälfte der Fenchelscheiben von jeder Seite in 4–5 Minuten goldbraun schmoren. Der Knoblauch wird dann goldbraun sein und aromatisch duften. Den heißen Fenchel mit dem Dressing in der Schüssel mischen. Mit dem restlichen Fenchel ebenso verfahren. Noch warm oder bei Zimmertemperatur servieren. Mit dem feinen Fenchelgrün bestreuen.

SAMOSAS PUR

Ergibt 4 Portionen

Die Samosas haben hier keinen Teigmantel, daher der Name. Sie erinnern so an kleine Gemüseburger, die die köstlichen Gewürze der indischen Küche in sich vereinen. So können Sie sie servieren: Legen Sie die Bratlinge auf warmes, gegrilltes Naan-Brot. Darauf kommt eine ordentliche Portion Chutney mit Joghurt und Koriander.

ZUBEREITUNG

Die Kartoffeln schälen, waschen und achteln. In einem Topf mit kaltem Wasser bedecken und zum Kochen bringen, dann bei reduzierter Hitze in 15 Minuten weich garen. Gut abtropfen lassen und auf einem Schneidebrett abkühlen und trocknen lassen. Die Kartoffeln in eine große Schüssel geben und grob zerstampfen.

Das Olivenöl in einer Pfanne stark erhitzen. Senfsamen zufügen und rösten, bis sie aufplatzen. Die Zwiebelringe zugeben und unter Rühren in 4–5 Minuten goldbraun schmoren lassen. Knoblauch, Ingwer, Kreuzkümmelsamen und Fenchelsamen hineingeben und 1 Minute schmoren, bis sie aromatisch duften. Erbsen untermischen. Die Zwiebel-Mischung über die Kartoffeln geben. Kurkuma, Meersalz, Chilipulver, Garam Masala und Koriander zufügen. Mit einem Rührlöffel alle Zutaten gründlich mischen. Bei Zimmertemperatur 1–2 Stunden stehen lassen, damit sich die Aromen entfalten können, oder bis zur weiteren Verwendung in den Kühlschrank stellen. Mit angefeuchteten Händen aus der Masse 8 gleich große Bällchen formen und flach drücken.

Die Hotplate des Grills auf hohe Temperatur vorheizen und mit etwas Olivenöl beträufeln.

Die Samosas von jeder Seite 10 Minuten braten, bis sie rundherum schön braun sind.

Mit dem Mango-Chutney, dem Joghurt und den Korianderstängeln servieren.

ZUTATEN

4 mittelgroße mehligkochende Kartoffeln
2 EL Olivenöl, zusätzlich Öl zum Braten
½ TL schwarze Senfkörner
1 Zwiebel, geschält und in feine Ringe geschnitten
1 Knoblauchzehe, geschält und fein gehackt
2 TL fein geriebener Ingwer
½ TL Kreuzkümmelsamen
1 TL Fenchelsamen
75 g TK-Erbsen, aufgetaut
½ TL gemahlene Kurkuma
2 TL Meersalz
¼ TL Chilipulver
½ TL Garam Masala
1 kleines Bund Koriander, fein gehackt
Mango-Chutney
Naturjoghurt
einige Stängel Koriander

PANEER-TOMATEN-SPIESSE

Ergibt 6 Portionen

Paneer ist ein indischer Frischkäse, obgleich er nicht unbedingt ein Käse im eigentlichen Sinn ist, da ihm ein Bindemittel wie Lab fehlt. Genau wie Halloumi lässt er sich gut grillen. Er wird gewürfelt oder in steakgroße Stücke geschnitten und dann goldbraun gebraten.

ZUTATEN

1 große rote Chilischote, entkernt und schräg in Ringe geschnitten
3 EL Olivenöl, zusätzlich Öl für den Grill
1 TL Meersalz
1 Handvoll Korianderblätter, grob gehackt
1 Handvoll Minze, grob gehackt
2 EL Zitronensaft
400 g Paneer, in 2–3 cm große Würfel geschnitten
24 Kirschtomaten
1 TL Kreuzkümmelsamen
1 TL Fenchelsamen
Zitronenspalten

ZUBEREITUNG

Chili, Olivenöl, Meersalz, Koriander, Minze und Zitronensaft in einer Schüssel mischen und beiseitestellen. 24 Bambusspieße 30 Minuten in Wasser einweichen. Die Hotplate des Grills auf hohe Temperatur vorheizen und die Grillfläche mit dem Olivenöl einpinseln. Nun 2 Paneer-Stücke und 2 Kirschtomaten im Wechsel auf jeden Bambusspieß stecken und mit Kreuzkümmel- und Fenchelsamen bestreuen. Die Spieße 8–10 Minuten grillen, bis der Paneer goldbraun ist und die Tomaten weich sind.
Die Spieße vom Grill nehmen, auf eine Servierplatte legen und mit dem Dressing beträufeln. Mit Zitronenspalten anrichten.

GEWÜRZ-PASTINAKEN

Ergibt 4–6 Portionen

Pastinaken mögen zum Grillen zwar etwas ungewöhnlich sein, aber einige Rezepte für dieses Buch habe ich im Winter ausprobiert. Da haben Pastinaken Saison und sind besonders günstig. Sie sollten allerdings vorgekocht werden, sonst verbrennen sie auf dem Grill, bevor sie durchgegart sind.

ZUBEREITUNG

Die Pastinaken schälen und längs halbieren. Olivenöl, Kurkuma, Fenchelsamen, Kreuzkümmelsamen, Chilipulver und Meersalz in einer großen Schüssel verrühren.

In einem Topf Wasser zum Kochen bringen, die Pastinaken hineingeben und 4–5 Minuten kochen, bis sie gerade weich werden. Gut abtropfen lassen und in die Schüssel mit dem Gewürzöl geben. Gründlich mischen, bis die Pastinaken vollständig damit überzogen sind. Bei Zimmertemperatur 1 Stunde durchziehen lassen.

Die Hotplate des Grills auf hohe Temperatur vorheizen. Die Schüssel mit den Pastinaken neben den Grill stellen. Die Pastinaken aus der Schüssel nehmen, dabei das überschüssige Öl in die Schüssel tropfen lassen und aufheben. Die Pastinaken von jeder Seite 5 Minuten grillen, bis sie weich und leicht angeschmort sind. Mit dem Gewürzöl beträufeln und einige weitere Sekunden grillen.

Mit Meersalz und Pfeffer würzen. Mit Minze bestreuen und die Zitronenspalten dazu reichen.

ZUTATEN

1 kg mittelgroße Pastinaken
3 EL Olivenöl
1 TL gemahlene Kurkuma
1 TL Fenchelsamen
1 TL Kreuzkümmelsamen
¼ TL Chilipulver
1 TL Meersalz
frisch gemahlener schwarzer Pfeffer
3 EL fein zerzupfte Minze
Zitronenspalten

SIZILIANISCHER GEMÜSE-SALAT

Ergibt 4–6 Portionen

Ich verwende hier Aubergine und Blumenkohl, aber Sie können ebenso gut Zucchini, Brokkoli und Paprikaschoten nehmen. Es eignet sich praktisch jedes Gemüse. Sie müssen nur das Dressing auf das frisch gegrillte Gemüse geben, damit es die Aromen aufnimmt – im Prinzip wie eine verspätete Marinade.

ZUTATEN

2 mittelgroße Auberginen
1 kleiner Kopf Blumenkohl
1 EL Olivenöl
Meersalz und frisch gemahlener schwarzer Pfeffer

SIZILIANISCHES DRESSING

⅛ l Olivenöl
Meersalz und frisch gemahlener schwarzer Pfeffer
2 EL Rotweinessig
2 Knoblauchzehen, geschält und zerdrückt
1 große Handvoll Minze, grob gehackt
1 große Handvoll glatte Petersilie, grob gehackt
1 Handvoll Basilikumblätter, grob zerzupft
2 EL in Salz eingelegte kleine Kapern, abgespült
½ TL Zucker
45 g Rosinen

ZUBEREITUNG

Für das Dressing alle Zutaten in einer großen Schüssel verrühren.
Den Grillrost des Grills auf hohe Temperatur vorheizen. Die Auberginen in 1 Zentimeter dicke Scheiben schneiden und den Blumenkohl in mundgerechte Röschen teilen. Das Gemüse mit dem Olivenöl in eine Schüssel geben und mit Salz und Pfeffer würzen. Gründlich vermischen.
Auberginen und Blumenkohl auf den Grill legen und 8–10 Minuten grillen. Wenden und weitere 5 Minuten grillen, bis das Gemüse gerade weich ist.
Das noch heiße Gemüse in eine große Schüssel füllen, mit dem Dressing übergießen und gründlich vermengen. Mit Frischhaltefolie abdecken und bei Zimmertemperatur 30 Minuten bis 1 Stunde durchziehen lassen, damit sich das Aroma entfalten kann. Umrühren und servieren.

FOLIENKARTOFFELN MIT KRÄUTERCREME

Ergibt 4 Portionen

Ganz im Ernst, besorgen Sie sich unbedingt einmal Labneh und probieren Sie ihn. Verwenden Sie den Frischkäse-Joghurt in allen möglichen Gerichten, ersetzen Sie alle möglichen anderen Zutaten damit. Rühren Sie ihn beispielsweise statt Sauerrahm in Dips. Verwenden Sie ihn wie Hummus oder wie Joghurt, schließlich ist er im Prinzip nichts anderes. Sie können ihn sogar anstelle von Ricotta oder Frischkäse für einen süßen Käsekuchen nehmen.

ZUBEREITUNG

Für die Kräutercreme alle Zutaten in einer Schüssel mischen und bei Zimmertemperatur durchziehen lassen oder bis zur weiteren Verwendung in den Kühlschrank stellen.

Die Hotplate des Grills auf mittlere Temperatur vorheizen. Jede Kartoffel in Alufolie wickeln und auf den Grill legen. Den Grilldeckel schließen und die Kartoffeln 1 Stunde garen, bis sie weich sind, zwischendurch immer wieder wenden. Die Kartoffeln sind gar, wenn sie sich, noch in Folie eingewickelt, auf Druck durch Spatel oder Zange weich anfühlen.

Die Kartoffeln vom Grill nehmen und 10–15 Minuten eingewickelt ruhen lassen. Sie können auf dem Grilldeckel warm gehalten werden.

Die Kartoffeln auswickeln, mit dem Spatel etwas flach drücken und die Schale aufschneiden. Jeweils einen großen Klecks Kräutercreme auf die noch heißen Kartoffeln geben.

ZUTATEN

4 große Kartoffeln mit Schale, gewaschen

KRÄUTERCREME

125 g Labneh
(orientalischer Lebensmittelladen)
1 EL Schnittlauchröllchen
1 EL fein gehackte glatte Petersilie
1 EL fein gehackte Minze

KÜRBIS SÜSS-SAUER

Ergibt 6 Portionen

Die Geschmackskombination süß-sauer ist nicht auf die chinesische Küche beschränkt. Auch die Sizilianer sind wahre Meister darin, allerdings etwas subtiler – die Kombination von Zucker und Essig ist typisch für die süditalienische Küche.

ZUTATEN

1 kleiner Hokkaido-Kürbis
(oder Winterkürbis nach Wahl)
2 EL Reiskeimöl
Salz und frisch gemahlener schwarzer Pfeffer

SÜSS-SAURES DRESSING

4 EL Rotweinessig
3 EL Olivenöl
2 Knoblauchzehen, geschält und fein gehackt
¼ TL Chiliflocken
2 TL brauner Zucker
1 Handvoll Minze, grob gehackt

ZUBEREITUNG

Den Kürbis mit einem großen Messer durchschneiden. Die Kerne mit einem Metalllöffel herauskratzen und entsorgen. Den Kürbis mit der Schnittfläche nach unten auf ein Schneidebrett legen und entlang der natürlichen Einkerbungen in dicke Spalten schneiden. Mit dem Reiskeimöl gründlich mischen und mit Salz und Pfeffer würzen.

Für das Dressing alle Zutaten in einer Schüssel verrühren und beiseitestellen.

Die Hotplate des Grills auf mittlere Temperatur vorheizen. Die Kürbisspalten mit einer Schnittfläche nach unten auf die Hotplate legen, den Grilldeckel schließen und die Kürbisspalten 10 Minuten schmoren. Wenden und weitere 5–10 Minuten schmoren, bis sie gerade weich sind.

Den heißen Kürbis in eine große Schüssel geben, mit dem Dressing übergießen und gründlich damit vermengen. Mit Salz und Pfeffer abschmecken und warm oder bei Zimmertemperatur servieren.

SÜSSKARTOFFELN IN FOLIE MIT FETA-DILL-CREME

Ergibt 4 Portionen

Genau wie Kartoffeln können auch Süßkartoffeln wunderbar auf dem Grill zubereitet werden: Sie werden in Alufolie gewickelt und geschmort, bis sie von innen herrlich weich sind und ihre Schale schon etwas zäh und süß ist. Ich mag es, wenn ich etwas wirklich kann. Ein Freund von mir serviert Süßkartoffeln zum Grillhähnchen. Beides bekommt er perfekt hin, ganz ohne Gewürze. Also, das nenne ich zurück zu den Wurzeln des Grillens!

ZUTATEN

1 große Süßkartoffel, geschält
4 EL Olivenöl
1 TL Meersalz

FETA-DILL-CREME

100 g weicher Feta-Käse, zerkrümelt
1 Knoblauchzehe, geschält und zerdrückt
3 EL gehackter Dill
2 EL Olivenöl
2 EL Milch

ZUBEREITUNG

Für die Feta-Dill-Creme den Fetakäse mit Knoblauch, Dill und Olivenöl im Standmixer zu einer sämigen Paste verarbeiten. Bei laufendem Motor die Milch zugeben und das Ganze zu einer dicklichen Creme pürieren. Beiseitestellen.

Die spitzen Enden der Süßkartoffel abschneiden und die Kartoffel in 4 gleich große Stücke teilen.

Die Hotplate des Grills auf mittlere Temperatur vorheizen. Aus Alufolie 4 Stücke zurechtschneiden, die groß genug sind, um ein Stück Süßkartoffel einzuwickeln. Jeweils ein Stück Süßkartoffel in die Mitte der Alufolie legen, mit je 1 Esslöffel Olivenöl beträufeln und mit Meersalz würzen. Die Folie über der Kartoffel locker schließen und die Kartoffel auf die Hotplate legen. Den Deckel des Grills schließen und die Kartoffel 45 Minuten garen, bis sie schön weich ist.

Die Süßkartoffel aus der Folie nehmen und die Feta-Dill-Creme auf die noch heiße Kartoffel geben.

WÜRZIGE TOFU-PILZ-SPIESSE

Ergibt 3 Portionen

Okay, ich mag Tofu und Fleisch. Ist das ein Verbrechen? Sie sollten beim Tofu wählerisch sein. Vergessen Sie Tofu, der seidig oder weich ist. Der ist nichts für den Grill. Dieses Gericht ist dunkel, aromatisch und exotisch.

ZUTATEN

820 g mittelfester Tofu
¼ l helle Sojasauce
1 TL Zucker
2 Sternanise
1 Zimtstange
2 Nelken
6 Shiitake-Pilze
6 braune Champignons
2 Frühlingszwiebeln, geputzt und in 12 Abschnitte von 3–4 cm geschnitten
Pflanzenöl für den Grill

ZUBEREITUNG

Den Tofu in 12 möglichst gleich große Stücke schneiden. Sojasauce, Zucker, Sternanise, Zimtstange und Nelken in einen Topf geben und zum Kochen bringen, dabei rühren, um den Zucker aufzulösen.
Die noch warme Soja-Mischung über den Tofu geben und bei Zimmertemperatur 3 Stunden marinieren lassen, dabei die Tofustücke alle 30 Minuten wenden.
Die Hotplate des Grills auf hohe Temperatur vorheizen. Jeweils 2 Stücke Tofu, 1 Shiitake-Pilz, 1 Champignon und 2 Abschnitte Frühlingszwiebel im Wechsel auf 1 Metallspieß stecken. Mit den restlichen Zutaten ebenso verfahren.
Die Hotplate mit Pflanzenöl einpinseln. Die Spieße 5 Minuten grillen. Mit einem Spatel vorsichtig wenden, damit der Tofu nicht bricht. Weitere 5 Minuten grillen, bis der Tofu dunkel ist und die Pilze zart sind.

GESCHMORTER CHICORÉE MIT PETERSILIE, ZITRONE UND PECORINO

Ergibt 4 Portionen

In diesem Rezept finden sich all die großartigen Details des Grillens, und das, obwohl kein Fleisch im Spiel ist – genauso wie viele andere Köstlichkeiten, die wir mit italienischer Landküche assoziieren. Rohe Zutaten, die Sie nicht zu sehr bearbeiten – und dann ab auf den Grill damit, bis sie goldbraun, süß und leicht geschmort sind. Serviert mit Kräutern, Zitronensaft und Käse. Herrlich.

ZUBEREITUNG

Die Hotplate des Grills auf hohe bis mittelhohe Temperatur vorheizen und leicht mit Olivenöl einfetten. Den Chicorée mit der Schnittfläche nach oben auflegen und in 5 Minuten goldbraun schmoren. Wenden und weitere 5 Minuten schmoren, bis er weich ist. Den heißen Chicorée mit Meersalz, Pfeffer, Petersilie, Zitronensaft und Pecorino in eine große Schüssel geben. Gründlich mischen und noch warm servieren.

ZUTATEN

Olivenöl für den Grill
8 Chicorée, längs halbiert
1 TL Meersalz
frisch gemahlener schwarzer Pfeffer
1 Handvoll glatte Petersilie, grob gehackt
2 EL Zitronensaft
2 EL fein geriebener Pecorino

GEGRILLTE PILZE MIT SOJA UND INGWER

Ergibt 4 Portionen

Nehmen Sie zum Grillen am besten keine ganz kleinen Pilze. Die kleinen sind meist schwierig zu grillen. Große, dicke Pilze gelingen immer, sie haben viel mehr Fleisch und sind zudem schmackhafter.

ZUTATEN

¼ l Rotwein
¼ l helle Sojasauce
2 EL Reismehl
1 EL Sesamöl
1 EL fein geriebener Ingwer
6 große Austernpilze, geputzt und längs halbiert
6 große Shiitake-Pilze, geputzt
6 große braune Champignons, geputzt
2 EL Reiskeimöl
100 g kleine Austernpilze, geputzt
2 Frühlingszwiebeln, geputzt und in Streifen geschnitten

ZUBEREITUNG

Rotwein, Sojasauce, Reismehl, Sesamöl und Ingwer in einer großen Schüssel mischen. Alle Pilze außer den kleinen Austernpilzen zufügen und in der Marinade rundherum wenden. Bei Zimmertemperatur 3 Stunden marinieren oder abgedeckt für 6 Stunden in den Kühlschrank stellen.
Die Hotplate des Grills auf hohe Temperatur vorheizen. Das Reiskeimöl auf die Hotplate träufeln.
Die Pilze aus der Marinade nehmen, auf der Hotplate verteilen und 10–15 Minuten grillen, zwischendurch immer wieder wenden, bis die Pilze gebräunt und zart sind und aromatisch duften.
Nun die kleinen Austernpilze auflegen und unter mehrmaligem Wenden in 1–2 Minuten weich grillen.
Die Pilze mit den Frühlingszwiebeln bestreuen und noch heiß servieren.

MANGOLD-FETA-GÖZLEME

Ergibt 4 Portionen

Statt Hot-Dog- und Donut-Buden gibt es bei uns nun Stände, an denen Gözleme verkauft werden, gefüllte türkische Fladenbrote. Und das ist keine schlechte Neuerung. Ich liebe diese Art von „Pizza". Es ist etwas knifflig, den Teig selbst herzustellen. Aber das ist gar nicht nötig, denn mittlerweile werden verschiedene fertig gebackene Fladenbrote angeboten und es gibt sogar einige gute glutenfreie Sorten.

ZUBEREITUNG

Olivenöl, Zwiebel, Knoblauch, Mangold, beide Käsesorten und Paprikapulver in einer Schüssel gründlich vermengen.

Die Hälfte der Mischung auf einem Pita-Brot verteilen und ein zweites Brot auflegen. Mit den restlichen Pita-Broten und der Füllung ebenso verfahren und zu einem zweiten Gözleme schichten.

Die Hotplate des Grills auf hohe bis mittelhohe Temperatur vorheizen. Beide Seiten der gefüllten Fladenbrote mit Öl einpinseln und die Brote nacheinander jeweils 3–4 Minuten von jeder Seite backen, bis sie knusprig und goldbraun sind. Mit einem Spatel leicht zusammendrücken.

In Tortenstücke schneiden und die Zitronenspalten über den gebackenen Broten auspressen. Das zweite gefüllte Fladenbrot backen, während die Gäste bereits das erste Brot genießen.

ZUTATEN

1 EL Olivenöl, zusätzlich Öl zum Bepinseln
1 rote Zwiebel, geschält und fein gehackt
2 Knoblauchzehen, geschält und zerdrückt
180 g Mangold, geputzt und in feine Streifen geschnitten
200 g Fetakäse, zerkrümelt
50 g Hartkäse, grob geraspelt
¼ TL süßes Paprikapulver
4 griechische Pita-Brote von 26 cm Durchmesser
Zitronenspalten

BABA GHANOUSH

Ergibt 4–8 Portionen

Dies ist eine spezielle Variante zum Grillen. Ich glaube nicht, dass man das gleiche Resultat erhält, wenn die Aubergine nicht über dem offenen Feuer geschmort wird. Irgendwie zieht das rauchige Aroma der geschmorten Haut ganz schnell in das Fleisch der Aubergine.

ZUTATEN

2 große Auberginen
2 TL Meersalz
3 EL Zitronensaft
3 Knoblauchzehen, geschält und zerdrückt
2 EL natives Olivenöl extra, zusätzlich Olivenöl zum Servieren
gegrilltes dünnes Fladenbrot

ZUBEREITUNG

Den Grillrost auf hohe Temperatur vorheizen.
Die Auberginen an mehreren Stellen mit der Gabel einstechen und auf dem Grill 10–15 Minuten grillen, dabei möglichst häufig wenden, bis sie in sich zusammenfallen und weich werden. Vom Grill nehmen und auf einem Blech abkühlen lassen.
Die Haut der gut abgekühlten Auberginen abziehen und entsorgen. Das Fruchtfleisch in ein Sieb über einer Schüssel geben und 15 Minuten abtropfen lassen. Das Auberginenfleisch mit Meersalz, Zitronensaft, Knoblauch und Olivenöl im Standmixer pürieren. Das Püree in eine Schüssel füllen, mit dem zusätzlichen Olivenöl beträufeln und das gegrillte Fladenbrot dazu servieren.

CHAMPIGNONS MIT MANCHEGO-FÜLLUNG

Ergibt 4 Portionen

Manchego ist ein spanischer Hartkäse. Dieses Gericht ist eine Mischung aus Fondue und dem typisch britischen „Welsh Rarebit". Genau wie bei anderen Pilz-Rezepten können die hier verwendeten Champignons durch andere Pilze ersetzt werden. Diese sollten aber nicht zu klein sein.

ZUBEREITUNG

Für die Manchego-Sauce Bier und Käse in einen kleinen Topf geben, auf mittlere Temperatur erhitzen und zu einer glatten Sauce verrühren.

Die Hotplate des Grills auf mittlere Temperatur vorheizen. Die Sauce auf eine warme Stelle des Grills stellen, damit sie schön zähflüssig bleibt.

Eine Lage Backpapier auf die Hotplate legen und die Champignons leicht mit Olivenöl einpinseln. Die Champignons mit dem Hut nach oben in 8–10 Minuten weich garen. Wenden und die Käse-Mischung in die Hüte löffeln. Den Grilldeckel schließen und die Champignons weitere 5 Minuten garen, bis der Käse geschmolzen ist und die Champignons schön zart sind. Mit Paprikapulver und Petersilie bestreuen.

ZUTATEN

⅛ l Bier
200 g Manchego, gerieben
Olivenöl zum Bepinseln
12 mittelgroße Champignons, geputzt
geräuchertes Paprikapulver
einige Stängel glatte Petersilie

ROTKOHL-BACON-SALAT

Ergibt 4–6 Portionen

Warme Salate kommen beim Grillabend immer gut an. Der Kohl kann auch durch Spinatblätter und Chicorée ersetzt werden. Herrlich zu Schweinekoteletts, Hähnchen oder Lamm.

ZUTATEN

1 kleiner Kopf Rotkohl
Olivenöl für den Grill
Meersalz
6 Scheiben Bacon ohne Schwarte

DRESSING

2 Knoblauchzehen, geschält und zerdrückt
3 EL Olivenöl
2 EL Rotweinessig
2 EL gehackter Estragon
2 EL grob gehackte glatte Petersilie

ZUBEREITUNG

Für das Dressing alle Zutaten in einer Schüssel mischen und beiseitestellen.

Den Grillrost und die Hotplate des Grills auf hohe Temperatur vorheizen.

Die harten Blätter des Rotkohls entfernen. Den Strunk ebenfalls größtenteils entfernen, nur gerade so viel stehen lassen, dass der Rotkohl beim Garen nicht auseinanderfällt. Den Kohlkopf längs in 1 Zentimeter dicke Scheiben schneiden.

Die Hotplate mit dem Olivenöl beträufeln. Die Rotkohlscheiben auf der Hotplate verteilen und mit Meersalz würzen. Den Bacon auf den Grillrost legen. Rotkohl und Bacon etwa 4–5 Minuten von jeder Seite schmoren, bis der Rotkohl gar und der Bacon gerade knusprig ist. Beides wenden und weitere 2–3 Minuten schmoren.

Den Rotkohl in eine große Schüssel füllen, gegebenenfalls noch etwas zerzupfen und noch heiß mit dem Dressing übergießen. Den Bacon in grobe Stücke schneiden und zum Salat geben. Vorsichtig mischen und noch warm servieren.

BREW

REGISTER

A

Asiatisch 29, 48, 55, 74, 83, 149
Aubergine
  Baba Ghanoush 202
  Gemüse-Salat, sizilianisch 188
  indisch gewürzt 171
  mit Kalbsschnitzel und Zitronendressing 77
  mit Tomaten-Sambal, balinesisch 176

B

Baba Ghanoush 202
Bacon-Rotkohl-Salat 206
Blumenkohl: Gemüse-Salat, sizilianisch 188
Brunch Croques 101
Butter, siehe auch Dressings, Dips und Saucen, Marinaden
  Chili-Knoblauch 159
  Chimichurri 87
  Jalapeño 23
  Meerrettich 73

C

Calamares mit Salz-Pfeffer-Panade 152
Champignons mit Manchego-Füllung 205
Chicorée
  Hähnchen mit Bacon 24
  mit Petersilie, Zitrone und Pecorino geschmort 197
Chili-Joghurt-Hähnchen 51
Chorizo
  Garnelen-Chorizo-Spieße 134
  mit Cidre-Essig 97
Croque Monsieur bzw. Madame 101
Curry-Lamm 80

D

Dressings, Dips und Saucen, siehe auch Butter, Marinaden
  Char Siu 44, 74
  Chili-Kräuter-Dressing 178
  Cranberry-Kirsch-Sauce 33
  Feta-Dill-Creme 194
  Grüne Oliven-Salsa 69
  Harissa 115
  Joghurt, würzig 112
  Johannisbeer-Sauerrahm-Creme 94
  Knoblauchcreme 30, 106
  Kräutercreme 191
  Limetten-Kräuter-Sauce 40
  Limetten-Pfeffer-Sauce, vietnamesisch 55
  Limetten-Sauce 47
  Manchego-Füllung 205
  Nuoc-Cham-Sauce 83
  Paprika-Mayonnaise 93
  Salsa, mexikanisch 156
  Scharfe Salsa 175
  Shantung-Sauce 60
  Sizilianisches Dressing 188
  Süß-Sauer-Dressing 192
  Tomaten-Sambal 176
  Tomatillo-Bier-Salsa 124
  Zitronendressing 77

E

Ente siehe Geflügel

F

Fenchel mit Chili und Kräutern 178
Festtags-Pute mit Cranberry-Kirsch-Sauce 33
Feta siehe Käse
Fisch, siehe auch Meeresfrüchte
  Forelle mit persischem Reis 138
  Fünf-Gewürze-Fisch, in Pergament gebacken 142
  in Chili-Zitronen-Kräutersud gebacken 145
  Lachs mit Salz-Chili-Kruste 151
  Meeresfrüchte auf Zitronengras-Spießen 137
  Meerforelle mit Ingwer und Schalotten 163

Reispapierröllchen mit Fisch-Cashew-Koriander-Füllung, vietnamesisch 149
Schnapper mit Salsa, mexikanisch 156
Schnapper, sizilianisch 130
Schwertfisch mit Ras-el-Hanout 148
Schwertfisch-Kebabs 146
Folienkartoffeln mit Kräutercreme 191

G

Garnelen siehe Meeresfrüchte
Geflügel
Chili-Joghurt-Hähnchen 51
Entenhaxen à la Chinatown 44
Festtags-Pute mit Cranberry-Kirsch-Sauce 33
Gewürz-Wachteln mit Limetten-Pfeffer-Sauce, vietnamesisch 55
Hähnchen mit Bacon und Chicorée 24
Hähnchen mit Jalapeño-Butter 23
Hähnchen, kreolisch 47
Hähnchenfilets in Kokos-Marinade 43
Hähnchenflügel in Zitronen-Balsamico-Ingwer-Marinade 59
Hähnchenleber-Spieße mit Szechuanpfeffer und Salz 48
Hähnchenschenkel mit Knoblauchcreme 30
Hähnchenspieße nach Piratenart 40
Hähnchen-Wraps mit Chili-Bohnen-Sauce 32
Kerala-Hähnchen 56
Piri-Piri-Hähnchen 52
Salz-Hähnchen mit Aïoli 20
Scharfe Schenkel 27
Schmorhähnchen Shantung 60
Tandoori-Hähnchen 26
Wachtel mit Kumquats, marokkanisch 34
Zarte Hähnchen-Päckchen 29
Zitronen-Gewürz-Hähnchen 37
Gemüse-Halloumi-Spieße 168
Gemüse-Salat, sizilianisch 188
Gewürz-Auberginen, indisch 171
Gewürze 12, 37
Gewürz-Pastinaken 187
Gewürz-Wachteln mit Limetten-Pfeffer-Sauce, vietnamesisch 55
Gözleme mit Mangold und Feta 201
Granatapfel-Melasse 98
Griechischer Oregano 27
Grillwürstchen mit Fenchel 90
Grillreinigung 13

H

Hackfleisch
Grillwürstchen mit Fenchel 90
Hackbällchen mit Harissa 115
Köfte 123
Schweine-Kalbs-Frikadellen 66
Schweinespieße mit Zitronengras, Pfeffer und Koriander 83
Hähnchen siehe Geflügel
Halloumi-Gemüse-Spieße 168
Hirschfilet mit Johannisbeer-Sauerrahm-Creme 94
Hummerschwänze mit Chili-Knoblauch-Butter 159

I

Indisch 76, 80, 171, 202
Italienisch 84, 90

K

Kalb
Kalbs-Käse-Involtini 84
Schnitzel und Aubergine mit Zitronendressing 77
Schweine-Kalbs-Frikadellen 66
Karibisch 40, 43
Kartoffeln
in Folie mit Kräutercreme 191
Samosas pur 183
Süßkartoffeln in Folie mit Feta-Dill-Creme 194
Käse
Champignons mit Manchego-Füllung 205
Feta-Dill-Creme 194
Gemüse-Halloumi-Spieße 168

Kalbs-Käse-Involtini 84
Mangold-Feta-Gözleme 201
Paneer-Tomaten-Spieße 184
Kebabs siehe Spieße
Kerala-Hähnchen 56
Knoblauch
Aïoli 20
Beschaffung 167
Knoblauchcreme 30, 106
Knoblauch-Essig 70, 160
Knoblauchgarnelen mit Thai-Pfeffer 155
Knoblauchgarnelen, klassisch 141
Köfte 123
Kreolisch: Hähnchen 47
Kumquats 34
Kürbis süß-sauer 192

L

Labneh 171,191
Lachs mit Salz-Chili-Kruste 151
Lamm
Curry-Keule 80
Karrees mit Rosmarin-Senf-Kruste 111
Kebabs mit würzigem Joghurt 112
Koteletts Marrakesch 110
mit Oliven-Salsa 69
Rücken mit Kräutern und Pistazien 98
Steaks, indisch 76
Wraps, chinesisch 74
Lebensmittel-Temperatur 12, 73
Lendensteaks mit Chimichurri-Butter 87

M

Mais mit scharfer Salsa 175
Mangold-Feta-Gözleme 201
Marinaden
à la Hagen 79
Char Siu, chinesisch 44, 74
Chili-Bohnen-Sauce 32
Chili-Joghurt 51
Essig-Knoblauch 70, 160
Ingwer-Schalotten 163
Joghurt, würzig 112
Kaffirlimettenblätter und Zitronengras 172
Kerala 56
Kokos 43
Koriander-Cashew-Paste 149
Kreuzkümmel-Salz 110
Orange 120
Paprika 105, 119
Piri-Piri 52
Querétaro 124
Rosmarin-Senf-Kruste 111
Salz-Chili-Kruste 151
Salz-Pfeffer-Panade 152
Soja-Ingwer 198
Tandoori 26
Thai-Pfeffer 155
Zitronen-Balsamico-Ingwer 59
Marokkanisch 106, 123, 133, 138, 148
Meeresfrüchte, siehe auch Fisch
auf Zitronengras-Spießen 137
Calamares mit Salz-Pfeffer-Panade 152
Garnelen mit Knoblauch-Essig 160
Garnelen-Chorizo-Spieße 134
Hummerschwänze mit Chili-Knoblauch-Butter 159
Knoblauchgarnelen mit Thai-Pfeffer 155
Knoblauchgarnelen, klassisch 141
Sepia-Röllchen, exotisch 133
Meerforelle mit Ingwer und Schalotten 163
Mexikanisch 124, 156
Migas-Tomaten-Salat 177

P

Paneer-Tomaten-Spieße 184
Paprika-Schweinerippchen 105
Pastinaken 187
Persisch: Forelle mit Reis 138

Pilze
mit Manchego-Füllung 205
mit Soja und Ingwer 198
Tofu-Pilz-Spieße 195
Piri-Piri-Hähnchen 52
Pute siehe Geflügel

R
Räucherpaprika-Kebabs 119
Reispapierröllchen mit Fisch-Cashew-Koriander-Füllung, vietnamesisch 149
Rind
Braten mit Paprika-Mayonnaise 93
Braten mit Wurzel-Gemüse und Knoblauchcreme 106
Filet mit Meerrettichbutter 73
Hackbällchen mit Harissa 115
Lendensteaks mit Chimichurri-Butter 87
Rumpsteak, spanisch 100
Rost am Grill 13
Rotes Fleisch siehe Kalb, Lamm, Rind, Schwein, Wild
Rotkohl-Bacon-Salat 206
Ruhenlassen des Grillguts 12, 73

S
Salz-Hähnchen mit Aïoli 20
Samosas pur 183
Saucen siehe Dressings, Dips und Saucen
Scharfe Schenkel 27
Schmorhähnchen Shantung 60
Schnapper siehe Fisch
Schwein, siehe auch Chorizo
Braten mit Äpfeln 109
Grillwürstchen mit Fenchel 90
Medaillons mit Orangen 120
Nacken à la Hagen 79
Paprika-Rippchen 105
Räucherpaprika-Kebabs 119
Schulter in Essig-Knoblauch-Marinade 70
Schulter Querétaro mit Tomatillo-Bier-Salsa 124
Schweine-Kalbs-Frikadellen 66
Spieße mit Zitronengras, Pfeffer und Koriander 83
Schwertfisch siehe Fisch
Sepia-Röllchen, exotisch 133
Sizilianisch 130, 188
Spanisch: Rumpsteak 100
Spieße
Garnelen und Chorizo 134
Gemüse und Halloumi 168
Hähnchen nach Piratenart 40
Hähnchenleber mit Szechuanpfeffer und Salz 48
Lamm-Kebabs mit würzigem Joghurt 112
Meeresfrüchte und Zitronengras 137
Paneer und Tomaten 184
Räucherpaprika-Kebabs vom Schwein 119
Schwein mit Zitronengras, Pfeffer und Koriander 83
Schwertfisch-Kebabs 146
Tofu und Pilze 195
Süßkartoffeln in Folie mit Feta-Dill-Creme 194

T
Tandoori-Hähnchen 26
Tofu
mit Kaffirlimettenblättern und Zitronengras 172
Tofu-Pilz-Spieße 195
Tomaten-Migas-Salat 177
Tomaten-Paneer-Spieße 184

W
Wachtel siehe Geflügel
Wenden des Grillguts 13
Wurzelgemüse 106

Z
Zarte Hähnchen-Päckchen 29
Zitronen-Gewürz-Hähnchen 37
Zitronengras 83, 137, 172
Zubereitung von Fisch und Meeresfrüchten 13, 129
Zwiebel, gerieben 120

DANK

Es ist immer ein Riesenspaß, mit dem Team von Murdoch Books zusammenzuarbeiten. Mein Dank gilt allen, die an der Produktion des Buches beteiligt waren.
Ganz besonders möchte ich Kay Scarlett und Juliet Rogers danken. Danke, Mädels, für eure Unterstützung in all den Jahren.
Ich kann mich ziemlich glücklich schätzen, dass ich einen Nachfolger von Fired Up schreiben durfte. Das passiert in der Kochbuch-Welt nicht allzu oft. Mein Dank geht daher an alle Fans von Fired Up. Ohne euch wäre dieses neue Buch nie geschrieben worden.

Roscoe

Die Originalausgabe ist unter dem Titel „More Fired Up" 2012 bei Murdoch Books Pty Ltd. erschienen.

Für die Originalausgabe:

Murdoch Books Australia
Pier 8/9, 23 Hickson Road
Millers Point NSW 2000
Phone: +61 (0) 2 8220 2000
Fax: +61 (0) 2 8220 2558
www.murdochbooks.com.au
info@murdochbooks.com.au

Murdoch Books UK
Erico House, 6th Floor
93–99 Upper Richmond Road
Putney, London SW15 2TG
Phone: +44 (0) 20 8785 5995
www.murdochbooks.co.uk
info@murdochbooks.co.uk

Verlegerin: Sally Webb
Gestaltung: Hugh Ford
Fotos: Nicky Ryan
Styling: Sarah O'Brien
Lektor: Paul O'Beirne
Food-Lektorin: Michelle Earl
Projektmanagerin: Claire Grady
Herstellung: Joan Beal

WICHTIG: Menschen, die besonders anfällig für eine Salmonellenvergiftung sind (ältere Personen, schwangere Frauen, Kleinkinder und Personen, die an einer Immunschwäche leiden), sollten bei Bedenken zum Verzehr von rohen Eiern ihren Arzt befragen.

UMRECHNUNGEN: Die Garzeit kann je nach verwendetem Grill variieren. Wir haben einen 20-ml-Esslöffel (4 Teelöffel) verwendet. Sollten Sie einen 15-ml-Esslöffel (3 Teelöffel) benutzen, fügen Sie für jeden angegebenen Esslöffel einen zusätzlichen Teelöffel hinzu.

Für die deutsche Ausgabe:

5 4 3 2 1   17 16 15 14 13
ISBN 978-3-88117-909-6
Übersetzung: Birgit van der Avoort
Redaktion: Freya Gehrke
Satz: Christiane Leesker

Printed in China

www.hoelker-verlag.de